20世紀　2000年　21世紀

第一次世界大戦
ロシア革命
第二次世界大戦
朝鮮戦争
ソ連崩壊
東西ドイツ統一
世界金融危機（リーマンショック）

Lenin

社会主義

毛沢東思想

Mao

文化大革命

成長理論
シュンペーター、ハロッド、ドーマー、ソロー

Solow

Schumpeter

セイの法則完全否定
ケインズ学派
ケインズ、サミュエルソン

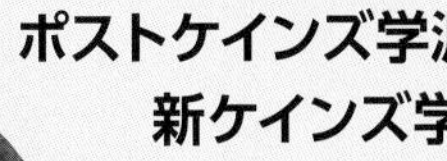
ポストケインズ学派
新ケインズ学派
スティグリッツ
クルーグマン
マンキュー

Keynes

レーガノミクス

メンガー、ジェヴォンズ、マーシャル、
ワルラス、サミュエルソン、
ハイエク

Hayek

マネタリズム（新しい古典学派）
フリードマン

friedman

MMT

数理経済学
ジェヴォンズ、ワルラス、レオンチェフ、
フォン・ノイマン、ソロー

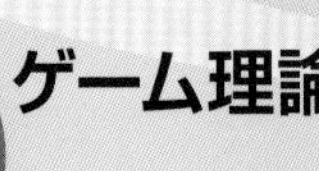
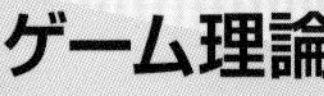
ゲーム理論

von Neumann

アメリカ制度学派
ヴェブレン、ガルブレイス

Galbraith

新型コロナウイルス危機

厚生学派
マーシャル、ピグー

第一次石油危機
太平洋戦争
日中戦争
宇野経済学
フランシス・フクヤマ『歴史の終わり』
日本のバブル崩壊
東日本大震災

00年　19世紀　1900年

ヘーゲル観念論

『種の起源』
（ダーウィン進化論）

Saint-Simon

人道主義的理想

空想的社会主義

サンシモン、フーリエ、
オーウェン、シスモンディ

共産主義

マルクス主義

マルクス、エンゲルス、ブラン、キングスリー

プロレタリア、団結せよ！

レッセフェール
"見えざる手"

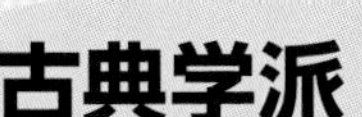

古典学派

スミス、マルサス、
セイ、リカード、
ベンサム、ミル

Ricardo

自由貿易賛成

Marx

Malthus

人口増加が
貧困を生む

自由貿易
反対

Mill

Marshall

Say

「商品は
すべて売れる」

財の価値は
効用で決まる

Menger

限界効用学派

ジェヴォンズ、メンガー

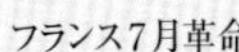

フランス7月革命

ヨーロッパの
自由主義運動

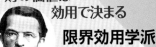

一般均衡理論

ワルラス、レオンチェフ

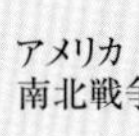

アメリカ
南北戦争

Walras

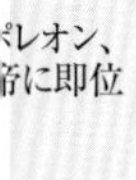

ナポレオン、
皇帝に即位

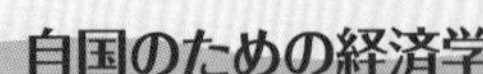

ドイツ帝国成立　アメリカ独占資本

List

自国のための経済学

ドイツ歴史学派

リスト、シュモーラー、ゾンバルト、
ロッシャー

ペリー来航

日本銀行創設

明治元年

日本の資本主義

東京奠都

日露戦

福沢諭吉『西洋事情』

日清戦争

1700年　18世紀　18

大航海時代
(15~17世紀中頃)

イギリスの産業革命

金銀が力なり

重商主義

Mann

コルベール、ペティ、フリードリヒ大王、
トーマス・マン

Colbert

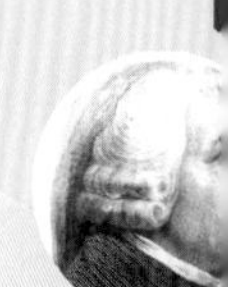

Adam Sm

農業がすべて

重農主義

ケネー、テュルゴー

Quesnay

Turgot

グレートブリテン
王国成立

アメリカ独立戦争

カメラリズム
(官房学派)

ゾネンフェルス

von Sonnenfels

富国強兵経済

フランス革命

享保の改革

享保の大飢饉

経済学300年の系譜

この図は18世紀からいまに至る社会経済についての考え方(経済思想)の歴史を、川の流れに見立てて描く試みである。最大の流れはイギリスを源流とする古典派経済学から発しており、他の経済思想の多くは古典派から発展または枝分かれした支流として描いてある。"川幅"はそれぞれの経済学の影響力の大きさを直観的に示すが、その見方に定説はない。それらはときに融合して混合経済学となったり分離して新理論を生み出したりしている。

【図解】

経済学の世界

理論を知れば
明日が見える！

矢沢 潔（矢沢サイエンスオフィス）・著

ONE PUBLISHING

はじめに
日本経済には雑草も育たず、花も咲かない？

読者は、「経済学はいったい何のために存在すると思うか？」と尋ねられたらどう答えるだろうか？　筆者自身も時折りそのことを気にかけながら本書を書き進めた。話を人類文明史的に大きく物語るべきか、それとも経済学者やエコノミストの口まねをして定義的で教科書的な言い回しを頻繁に持ち込むべきか。

結局、答はこうであった。ひとつは高名な経済学者たちの見方をそのまま引用するもの、いまひとつは、書き手の最小限の責任として筆者自身の見方をそれとなく表現するというものだ。読者は権威ある経済学者の言葉はまずはそのまま受け取ることができるであろうし、他方記事中に現れるかもしれない筆者の視点——何も主張する気はないが、それでも完全に無色透明な記事は書けない——は批判的な目で見るに好都合であろうと思うからだ。

経済学は何のために存在するかと尋ねられたときの経済学者の答はどんなものか。その回答者にはポール・サミュエルソンが適任であろう。彼が著した教科書『経済学』は世界中で1000万部も売れたというし、ノーベル賞受賞者でもある。その彼はこう記した——「経済学は、社会が不十分な資源を用いて有用な商品を生産し、それをいかにしてさまざまな人々に配分するかの研究である」

一見何のことかと思うかもしれないが、言っていることは明確だ。彼の答は2つの見方に立っている。ひとつは「人間が必要とする資源はつねに不足している」、いまひとつは「社会はその資源を効率的に使用すべきだ」というものだ。

他方、非専門家の筆者が見る経済学はちょっと違う。それは、経済学はめんどうな用語や定義に満ちた専門家たちの占有物ではなく、単に人間社会の経済活動についてのさまざまな見方だというものだ。どんな学問も、象牙の塔の中で専門用語の定義に明け暮れしているだけでは、そこに社会的意義は生じないからだ。

おそらく多くの人々が経済学に対して期待するものも、理屈っぽい経済用語の解説ではなく、自分が生きている社会が歴史的にどのあたりにあり、明日や明後日に何が待っているかを、たとえヒントでも与えてくれることではなかろうか（とりわけ新型コロナ禍を生きるいまの時代には）。

そこで本書では、過去約300年におよぶ経済学の簡略な思想史を読み物的に書いてみた。それはアダム・スミスを源流とし、ときに大河となりときに支流を枝分かれさせながら、21世紀のいまに至る経済学の俯瞰図でもある。

ちなみに、本書の冒頭に3大経済学なるものを並べたのは、この3つ（3人）——アダム・スミス、マルクス、それにケインズ——を踏まえておくと、他のすべての経済学がいとも容易に理解できるからだ。

経済学の歴史には、多くの人々が聞いたこともないさまざまな〝経済学派〟(school)が登場する。古典派とか新古典派、ケインズ学派、マネタリスト、MMT——こうした名称を見ただけで逃げ出す人もいるかもしれない。しかし本書では、それらの学派を生み出した人々の素顔や経済の見方を人物評的に描いたので、専門知識などは必要としない。何学派であろうと、彼らもまたその時代を懸命に生きかつ思索したのであり、われわれとさして変わるところはない。

筆者は長年科学分野をテーマとしてきたが、その途上で、欧米の科学者だけでなく経済学者や、経済学の話となるとついつい口うるさくなるアメリカやドイツのジャーナリストたちとも出会う機会が少なくなかった。ノーベル経済学賞の受賞者などにインタビューをして国内で出版してもきた。そうした経験から言うなら、高名な科学者たちの経済学の理解より、高名な経済学者たちの科学の理解のほうがたいていは上回っていた。科学者は経済学をさして必要としないが、経済学者は科学的理解を決定的に必要としているということかもしれない。

⬆レスター・サロー教授。
写真／矢沢サイエンスオフィス

実際、経済学者は経済学以外の深い知識を必要としている。ケインズは著書『一般理論』で、経済学に社会心理学、集団心理学を持ち込んだからこそ偉大な成功を収めた。

だが筆者の見方では、経済学にはいまだまったく不足しているものがある。それは生物学の視点だ。人間も生物であり、社会経済は人間という生物集団の営みである。経済学に生物学や生物行動学が取り込まれなければ、経済学が一般性や普遍性をもつことはできそうにない。

この前書きの最後に、日本人である読者や日本の経済学者や企業家にはあまりうれしくない、しかし将来のために参考になるであろう話を記しておきたい。

前記のように筆者（のチーム）はこれまで海外の経済学者たちに接触してきたが、そのひとりにマサチューセッツ工科大学のレスター・サロー教授（上図）がいる。日本経済をアメリカやヨーロッパのそれと比較する著書などを書き、日本経済についてとりわけ分析的であった彼に長大なインタビューを行ってからかなり時間がたち、先年彼は故人となった。だが彼はこのとき、日本人と日本経済について遺言の如き言葉を残した。「日本経済はきわめて秩序だっている。そこには亀裂がないので、雑草も育たず、花も咲かない」「日本には為すべきことを為す意思が欠けている」

耳が痛い。遠くから日本社会を眺めていたサロー教授には、われわれ日本人には見えないありのままの日本の姿が見えていたに違いない。

2021年春　筆者・矢沢 潔

経済学で景気を予測できるか？

●ノーベル賞経済学者ロバート・ソロー

筆者のチームはこれまで四半世紀の間に、世界的に高名な経済学者たちに現地でインタビューを行ってきた。マサチューセッツ工科大学（MIT）のレスター・サロー、現代の経済成長理論の代表格ロバート・ソローなどだ。ここではそれらのうち、本書のテーマによく合致するロバート・ソロー教授への2001年のインタビューから一部を抜粋して掲載する。

聞き手　高名なFRB議長であったアラン・グリーンスパンはかつて上院の公聴会で、「景気の後退を予測することはほとんど不可能であることがわかった」と証言しました。そして「われわれの経済モデルはどれもおもに人間の非合理的行動によって起こるプロセスをいちどとしてうまくとらえることができなかった」とも。（FRB：連邦準備制度理事会＝アメリカの中央銀行）

ソロー教授は数理経済学の第一人者ですが、グリーンスパン議長のこの発言をどう思いますか？

図1⬆ソロー教授は経済成長における技術革新の役割を分析して1987年ノーベル経済学賞を受賞した。このインタビューは今世紀はじめにMITで行った長大な会話から抜粋した。写真／MIT／L.B. Hetherington

ソロー　それについては2つのことを申し上げたい。まず私はグリーンスパン議長の意見に賛成です。われわれの経済モデルはみな、経済のターニングポイント（転換点）を予測するのがうまいとは言えない。しかしそれは経済モデルが不要だということとは違う。モデルがなければ、その転換点が人間の非合理的行動によるのか、あるいは別の理由によるのかを知ることさえできないのです。

2つ目はグリーンスパンの発言は見かけほど重要ではないということです。経済予測に対する一般大衆と政治家たちの興味が転換点の予測にあり、そこに実際以上の価値を置くからそう見えるのです。一般大衆にとっては3％と1％の経済成長の違いより、0・5％の成長と0・5％の後退の違いのほうがずっと大きく映るのです。私の見るかぎり、0・5％の小さな転換点を予測することよりも、経済の大きな変動を予測するほうがずっと重要なのです。

さらに、株式市場の狂騰のような心理学的な状況、あるいはグリーンスパンの言う〝非合理的な行動〟が重要になると見られる状況では予測はいっそう困難になる。この点も私は彼の意見に賛成する。つまり私はグリーンスパンの意見には賛成するが、彼自身は上院の反応を追認するという〝ワナ〟に陥っていると思う。それは、経済がいまゆっくり動いているか急成長しているかを知ることよりも、小さな転換点が起こりそうかどうかを知るほうがはるかに重要であるかのような反応なのです。

聞き手　では、ソロー教授の数理経済学の立場から見ると経済予測とはどのようなものでしょうか？

ソロー　われわれは予測に重点を置きすぎる傾向があるのです。経済モデルというものは――これはどんなモデルにも言えるが――物事の系統だった部分、たとえば経済現象に生じる反復的な部分を理解する助けにしかならない。経済においては未来に起こる出来事は〝非反復的な外因性の出来事〟に大きく影響されるのであり、それらはモデル化ができない種類のものです。予測という行為は数理経済学の適切な利用法ではないと私には思われる。

自然科学においては、研究者たちはこの世界で現実に起こることを予測するのではなく、管理された実験の中で何が起こるかを予測することにのみ集中する。経済学者も管理された実験の結果を予測するように求められてもいいはずだが、そのような実験は存在しないのです。

聞き手　しかし自然科学の中にも、天文学のように実験室での管理された実験が許されない分野もあります。

ソロー　たしかにそうです。天文学が経済学と大きく違うのは近傍宇宙の天体現象を観測しているときで、この場合、天体からの信号は背景雑音（宇宙背景放射）に比べて非常に強く明瞭です。しかしきわめて遠方の宇宙からの信号は背景雑音と見分けることが難しくなり、天文学者の仕事は経済学者のそれに非常によく似てくる。そこにはわれわれの知らない計測不能の要素がたくさん存在するのです。

同じことは大気科学などにも見られる。地球温暖化や超音速旅客機の大気環境への影響などを予測するとなると、研究者たちの意見には大きな開きが生じるのです。

聞き手　では数理経済学は何の役に立つのでしょうか？

ソロー　より適切な表現を選ぶなら、数理経済学は「状況を理解する」のに役立つのです。

ここにかなり複雑な現象があり、あなたはそれについて何らかの洞察を得たいとする。そのための最良の方法――私は一応最良の方法と考えるものの、それを主張したために火刑に処されたくはないですが――はおそらく、その複雑な状況で作用している2、3のもっとも重要な力が何かを決定することです。そして、それらの力どうしはどのように相互作用しているのか、またわれわれが関心をもっている他の事柄とはどう相互作用するのかを問うのです。

それにはまず、数学的な関係で表される単純化したモデルをつくってこう言う――「ふむ、もしAの力がBの力より強いなら、われわれはこれこれの現象を観測するはずだ。もしそうでないなら別の現象が観測されるだろう」とね。

あとは、もしシステムを違ったふうに動かしたければ、モデル全体への影響がよくわかっている特定のパラメーターを変えてやればいい。こうした過程を経ることで物事への洞察が得られるのです。

私自身の研究に近い例をあげるなら、経済成長理論を理解する試みがそうです。私は、2つか3つの式でできた経済モデルを使って経済成長現象を遠くからでも完全に把握できるなどと主張するほど愚かではない。しかし私がこれは自分の発見だと言えるのは、単純化した数学的モデルによって経済成長現象についての多くのやっかいな疑問に答が出せるということです。たとえば次のような。

かつて経済成長の原動力は投資、つまり工場や設備の建設だと考えられていた。しかし私がこの状況に関する最初の、そこそこ出来のよい単純化モデルをつくったときに発見したひとつが、それは誤りだということだった。新技術という他の側面からの刺激をほとんど取り除いてみると、ある社会の経済成長が他の社会のそれより速かった理由を説明することができなくなったのです。

聞き手　それは、先進国から途上国へ技術移転を行えば、途上国の高度成長が可能になることを示唆しているのでしょうか?

ソロー　私が扱ったのは1960年代のアメリカ経済です。そこでの発見は、20世紀の最初の60年間にアメリカで起こったことを矛盾なく説明するには、経済成長を推し進めた主要な原動力を技術的プロセス（技術革新）に求める以外に方法がないということです。

聞き手　ソロー教授は途上国の経済成長も研究対象にしていると思っていましたが。

ソロー　いや、私はアメリカのモデルを途上国に応用することは一貫して避けてきた。それは、このモデルを未成熟な市場に当てはめることは不適当かもしれないからです。

聞き手　1960年代以降これまでにアメリカ経済の構造は大きく変化しましたが、新技術の果たす役割と経済成長に関するあなたの発見はいまでも正しいと思いますか?

ソロー　ええ。アメリカはいまでは商品というよりはサービスを生産している。サービス部門はもともと計量しがたいところがあるが、私の発見はいまも正しいと思います。なかにはテクノロジーの影響をさほど受けないサービスもある。バイオリンの演奏のようにね。しかし一般のサービスは現在でも技術の力に大きく左右されているのです。

聞き手　その研究に用いた数学は1次の線形方程式でしょうか?

ソロー　いや、大半は単純な非線形の微分方程式でした。

聞き手　これまでのお話からすると、数理経済学はもっと地味な研究に専念すべきだということでしょうか？　取り組む問題にしてもあまり高望みせず、たとえば国家経済を論じるよりもむしろ特定の市場の理解に焦点を合わせるべきだと？

ソロー　その通りです。すでにお話ししたように、経済学における数学のおもな用途は物事の理解を可能にするためのモデルづくりです。ある市場とかある企業、あるいはある家庭で誰が働きに出て誰が家にいればよいかを決める判断に、数学的手法を応用することができるのです。

聞き手　それは〝マネジリアル・エコノミクス〟（企業経営者の意思決定のための経済分析学＝ビジネス・エコノミクス）のように聞こえますが。

ソロー　ええ、私がお話ししているのは管理分析であると同時に市場分析でもあるもの、たとえ小さなスケールであれ人々がものを売り買いするときに起こることの分析なのです。

私はたまたまアメリカの経済発展という巨大スケールの例を取り上げたが、それは私のやった研究だからです。しかしそこには同じ一般原理が当てはまる。そこでやることは、非常に限定的に定義できる小さな状況に注目し、なぜこの市場では物事がこうなり、別のようにはならないのかについて理解を得ようとすることです。そのひとつの方法が状況を数学的にモデル化することなのです。

たとえば私自身の観察や考察、専門家との対話などから、ある場所で起こっている現象を動かしているもっとも重要な要素はx、y、zだということがわかる。そこでそれらの要素の相互作用モデルをつくり、それが示す世界が現実の世界に似ているものになるかどうかを試みるのです。

聞き手　すると教授は、経済学とりわけ数理経済学は、詳細な記述的調査やときには良質のマスコミ報道を実現するための補足的な役割をするものだと言われるのですね？

ソロー　おっしゃる通りです。いま経済学者の中には、人間がかつて幾何学を構築したときと同じように経済学を構築できると考えている人々がいる。すでに公理はあるのだから、あとはそれらの意味するものをすべて数学的に集約すればよいとね。ユークリッド幾何学がまさにそれであり、あなたは点と線に関する諸々の公理と平行線の公準から出発して、平面幾何学でも3次元幾何学でも、あるいはn次元幾何学でもつくり上げることができると。

経済学者の中にも経済学をそのように扱いたがっているサブカルチャーが存在する――私はたまたまそのサークルの外にいるが。これらの人々は非常に洗練された数学を扱っている。しかし経済学は少数の公理の上に成り立つ単一の建造物ではない。経済学は、あなたが日常の中で目にするような個別状況に合わせてつくられた個々のモデルの膨大（ぼうだい）な集積であり、その総体なのです。●

目次

Contents

経済学の最新トピック

第1部

3大経済学

アダム・スミス
マルクス
ケインズ

3大経済学 パート1

アダム・スミスの経済学

「なすがままに任せよ」が経済の本質

釘をつくる職人たち

ここで3大経済学のトップに位置づけるのは、常識的といえば**アダム・スミス**（**図1左**）である。現代のあらゆる経済学や経済理論も、アダム・スミスの末裔のひとつとして見ると、その主張や立場を理解しやすい。

アダム・スミスがなぜそれほど重要なのか？　それを知るには、彼が生きた時代と社会を見ておく必要がある。

アダム・スミスは1723年、スコットランド東部の港町カーコーディ（15ページ**図4**）で生まれた。父親もアダム・スミスという名であったが、息子の誕生を見ずに亡くなったため母親がひとりで彼を育てた（彼は3歳のとき放浪民族ロマ、いわゆるジプシーに誘拐されたが後に救出されたとされている）。

この少年はよく地元にあった釘の製造場（**図1上**）をのぞきに行き、そこで職人たちが作業工程をいくつかに分けて釘を製造している光景に見入っていた。そして職人たちが〝**分業**〟**によって能率よく釘をつくっている**ことに気づいた。さらに、釘づくりの職人たちが賃金を釘で支払われ、近所の商店で買い物をするときに**貨幣の代わりに釘で支払い**をしていることも知った。

この光景はアダム・スミスが分業や代価の支払いの意味を理解する最初の体験となった——後述する著書『**国富論**』の冒頭で彼はそのような話を書き記している。

成長したアダム・スミスは、際立った読書

活動した時代●18世紀
主要な人物●アダム・スミス
主張・特徴●市場は“見えざる手”が調整するので、政府は経済に介入すべきではない（“レッセフェール”）と主張。資本の蓄積と投資、労働の価値なども論じた。

アダム・スミスの経済学

図1⬆アダム・スミス（左）は少年時代、分業体制が確立した釘製造工場（上）に感銘を受けた。この体験により彼は、分業が実現する効率的作業による資本の蓄積という概念に至った。図はフランスの啓蒙思想家ディドロの『百科全書』（1762年）に掲載されたもの。下はアダム・スミス自身の署名。

熱と並外れた記憶力により14歳で**グラスゴー大学**（15ページ**図5**）に入学した。そこで彼は3人の教授からギリシア文学と数学、それに哲学の講義を受けた。とりわけ道徳哲学教授**フランシス・ハチソン**（14ページ**図3**）からは強い影響を受けたと後に述懐している。

ハチソンは、「神は人間の幸福のためにのみ存在するのだから、神の意志は人間の幸福がどう実現されているかによって判断できる」と説いた。また「**最大多数の最大幸福**」（65ページ表1参照）という言葉は後の哲学者ジェレミー・ベンサムのものとして知られているが、実際にはこれはフランシス・ハチソンがふだんから用いていた言葉とされている。

アダム・スミスは後に母校グラスゴー大学の名誉総長を託されたときの謝辞で「決して忘れることのできないハチソン博士」と述べて敬意を表した。

1740年、**オクスフォード大学**の奨学生となったアダム・スミスは、母校のあるグラスゴーから馬に乗ってオクスフォードに向かった。500km以上、東京から京都ほどの距離である。彼はその途中、農業や牧畜の遅れたスコットランドとはるかに進んだイングランドの風景を眺めて衝撃を受けることになった。そしてオクスフォード大学の食堂で目にした皿の上の大きな肉切れにも仰天した。スコットランドの栄養状態の悪い家畜の肉とは別物だったからだ。こうした経験すべてが彼を経済学へと引き寄せていった。

だが、オクスフォードでの6年間の学生生活は陰鬱（いんうつ）なものだった。たびたび健康を害したからだけでなく、この有名な大学が、莫大な納付金を課すにもかかわらず、学生のやることといえば毎日礼拝に2度出席し、週に2度の講義に出るだけだったからだ。他方で教授たちも教えるふりさえせず、外部世界ではとうに姿を消した古臭い体系や偏見が幅を利かせていた。周囲の学生たちにも学習意欲があるようには見えなかった。

落胆した大学生活が与えてくれたもの

落胆したアダム・スミスは図書館にこもり、ヨーロッパ各国の古典を読んだり、文章表現の訓練としてフランス語の翻訳に取り組んだりした。ギリシア語やラテン語も学び、さまざまな時代の社会制度や思想や哲学を身につけようともした。

だがここで彼は少なくない不愉快な経験もした。**スコットランド出身の奨学生たちはいろいろな場面で差別待遇**を受け、学内の政治闘争にも巻き込まれた。結局彼がここで得たもの

アダム・スミスの生涯

1723	スコットランド東部の港町カーコーディで生まれる（洗礼は6月5日。ひとり息子）。
1732	カーコーディの町立学校に入る。
1737	グラスゴー大学に入学（14歳）。道徳哲学教授フランシス・ハチソンの影響を受ける。
1740	オクスフォード大学ベリオールカレッジの奨学生に選ばれ、オクスフォードへ向かう。
1746	カーコーディに戻り、母親と暮らす。
1748	エディンバラで公開講義を行う。
1751	グラスゴー大学論理学教授、52年同大学道徳哲学教授。以後13年間この地（グラスゴー）にとどまる。
1759	『道徳感情論』刊行。フランスやドイツでも名声を高める。
1763～64	タウンゼント卿の義理の息子の家庭教師を務めることになる。グラスゴー大学に辞任を伝える。ヨーロッパ旅行に随行。フランスのトゥールーズに1年半とどまる。
1765～66	パリに10カ月滞在。重農主義者ケネーと出会う。
1766	ロンドンに帰着（6カ月滞在）。
1767	カーコーディに戻り『国富論』の執筆にとりかかる。
1776	『国富論』刊行。
1787	グラスゴー大学名誉総長。
1790	7月17日死去（67歳）。エディンバラのキャノンゲイト教会の墓地に埋葬。

図2 ⬆アダム・スミスは誕生前に父を亡くし、母に育てられた。

図3 ⬅スミスに多大な影響を与えたグラスゴー大学の哲学者ハチソン。

図4⬆スコットランドの港町カーコーディ。アダム・スミスはここで生まれた。 写真／Mcwesty

図5➡アダム・スミスが学び、後には教鞭も取ったグラスゴー大学（17世紀半ばの絵）。蒸気機関を改良したワットもこの大学の出身。

は、後に書き残したように「読書の機会を与えてくれたこと」だけであり、教育の場としては母校グラスゴー大学のほうがはるかにすぐれていることを思い知った。

結局彼はここでの生活に嫌悪を抱き、奨学金が終わる前の1746年に故郷カーコーディに戻り、以後二度とオクスフォードには戻らなかった。資金の潤沢なオクスフォードやケンブリッジなどの当時のイギリスの有名大学では、教授たちが十分すぎる収入を得て贅沢な生活をしており、教育への熱意をほとんど失っていたように見えた。

かくしてスコットランドの故郷で当てもなく母親と暮らしていたアダム・スミスに、あるとき公開講義の依頼が舞い込んだ。場所は彼が住むカーコーディとは湾をはさんだ対岸に位置するエディンバラ、テーマは修辞学（言語表現や弁論法などの研究）と文学。この講義が好評を博したことから、彼は母校**グラスゴー大学の論理学教授**に迎えられることになった。

さらに翌年には道徳哲学の教授となり、哲学や法学、それに経済学などの講義を行った。アダム・スミスの講義は率直で気どらず、つねに学生たちが興味をもつように務めたので、聴講者は飽きることがなかったという。

1763年に大学を辞任したアダム・スミスは、その後3年間をヨーロッパで過ごし（後述）、帰国して10年ほど後の1776年、自らを近代経済学の開祖へと導くことになる主著『国富論』（次ページ図6）を発表することになる。

「利己的な心」と「見えざる手」

『国富論』の原題は長い。それは「An Inquiry into the Nature and Causes of the Wealth of Nations」というものだ。日本語では『**諸国民の富の性質と諸原因についての一**

AN
INQUIRY
INTO THE
Nature and Caufes
OF THE
WEALTH OF NATIONS.

By ADAM SMITH, LL.D. and F.R.S.
Formerly Profeffor of Moral Philofophy in the Univerfity of GLASGOW.

IN TWO VOLUMES.
VOL. I.

LONDON:
PRINTED FOR W. STRAHAN; AND T. CADELL, IN THE STRAND.
MDCCLXXVI.

図6⬆1776年に発行された『国富論』初版の最初のページ。

研究』などと訳されているが、一般的には『国富論』で十分である。読者がオーソドックスで理屈っぽい英語を厭(いと)わないなら、イギリス議会図書館のウェブサイトで原文全文を読むことができる。

近代経済学の歴史を切り開いたこの書は、文字通り「**国家の富を増やすにはどうすべきか**」を論じたものだ。

そこでアダム・スミスが主張している第一の問題――それは、**経済活動に対して国家がさまざまに規制することには根拠がなく、むしろ逆効果**だというものだ。

当時のヨーロッパは「**富とは金と銀のことなり**」が常識化していた。そして、これらの鉱物の備蓄を最大化するために、**国は輸出を増やし、輸入には抵抗すべき**だという見方がまかり通っていた。実際各国は高い関税によって輸入を厳しく制限し、他方で輸出業者にはさまざまな支援を行って国内産業を保護していた。そればかりか国内の都市間でも、商品を他地域に売る一方で、外部から商品が入ってきて地域産業の脅威とならないように厳しく管理した。

だがアダム・スミスはその比類ない洞察によって、こうした**古臭い重商主義の考え方を否定**した。そして、**規制を廃止して自由な物資交換や貿易を行えば、誰もがよい結果を手にする**と述べた。簡単なことだが、その交換によって損をするとわかっていたら誰もそれに手を出したりしないはずだからだ。売り手が儲(もう)かり買い手も儲かる、輸出側が利益を得て輸入側も利益を得るというのだ。

彼は「**生産物やサービスの流れそのものが富である**」と言った。これは20世紀後半になって**GNP(国民総生産)**と呼ばれるようになり、近年は多少異なる意味で**GDP(国内総生産)**と呼ばれているそのものである。彼は文字通り〝GDPのパイオニア〟となった。

アダム・スミスの見方には、それまで誰も考え及ばなかったまったく新しい知見が加わっていた。それは人間の経済活動についての心理学である。彼はこう言った――「**経済活動を自由にさせておけば、人間は〝利己的な心〟によって富を築き、そこに〝見えざる手〟が働いて社会の調和が生み出される**」

ここでアダム・スミスが述べた〝利己的な心〟とは〝無制約の利己心〟、つまり単なる身勝手な心のことではない。彼が意味したのは、自己抑制をともなう利己心、人間が生まれつきもっているモラルの上に立った心という意味だ。そのような利己心をもった個人のふるまいは規制する必要がないばかりか、むしろ自由に任せればよい。そしてそれが〝**見えざる手**〟となって働き、結果的に社会全体の利益が生み出されるというのである。

ちなみに〝見えざる手（invisible hand）〟という言葉は日本では広く知られている。経済学の解説書などがアダム・スミスの言葉として〝神の見えざる手〟という表現で頻繁に解説しているからだ。だがこの日本語の表現は誤っている。英語の〝インビジブル・ハンド〟はそのまま見えざる手であり、**神のという含意はない。**

この点について、かつて筆者は知人のアメリカ人経済学者（日本通のニューヨーク州立大学経済学教授）にはっきりと指摘された。日本で言われている〝神の〟は余分だと。翻訳者たる経済学者が日本的解釈をもち込み、それが鵜呑みにされているということだ。もとの英語の意味をめぐって海外の経済学者たちの意見が分かれているのは事実だが（ポール・サミュエルソンは、アダム・スミスは厳密な定義なしにその言葉を使ったと言っている）、誰であれそこに神をもち出してはいない。

繁栄する国の条件

アダム・スミスはまた、**分業と資本の蓄積が生産力の向上をもたらす**という見方について記している。

分業については、『国富論』第1編の1〜3章までを当てて考察している。冒頭で見たように、彼が子どもの頃に近所の釘製造場で目にした光景がよほど印象深かったに違いない。釘職人たちが釘の製造工程をいくつかに分けることにより、ひとりですべてこなすよりもはるかに効率的に製品を生み出していることを発見したからだ。

生産工程をいくつもの小さな作業に分割し、それぞれを専門的な熟練者が受け持つことで高い生産効率が生まれる。それによって**企業は利潤を増やし、資本を蓄積し、その余剰分を投資してより効率的な機械化を実現**できる——

これは19世紀以降、産業界や企業の常識となり、いまに至るまでその効率の向上がたえず追及されている。これも、もとをたどればアダム・スミスの〝発見〟である。

アダム・スミスはさらにいくつかの問題をくわしく論じた。たとえば、国の将来の収入を左右するのは資本の蓄積であり、その資本がより生産的な経済活動に投資されればより多くの富が生み出される。そして**資本を蓄積し、それをうまく管理し、かつ保護する国家こそが繁栄する**というのである。

彼はさらに、こうしたシステムは**自由貿易と競争**によって

豆知識 『国富論』が発表された1770年代は、イギリスでは紡績機や実用的な蒸気機関が発明され、産業構造が変革しつつあった。他方、植民地アメリカは独立を宣言した。

のみ自動的に達成されるのであり、政府が特定の生産者に補助金を与えたり、独占を許したり、課税を免除したりすれば、それらの生産者は価格を高騰させる。これによって貧しい人々はさらに苦しむことになる、とも記した。

こうした考察の後、アダム・スミスは政府のあり方について述べている。それは、**「政府の経済活動への関与は限られるべきだ」**というものだ。彼は政府がなすべきことの核心部分は、**①国の防衛力を維持**し、**②社会秩序を保ち**、**③インフラストラクチャーを構築**し、**④教育を奨励する**ことだという。そして**市場は開放的で自由**でなければならず、それを歪めてはならないとも。

アダム・スミスは、自由な経済は柔軟で適応性の高いシステムであり、将来予期しない事態が生じても、それへの対応が可能であるとも述べている。

こうした**彼の思想を実現した経済システムが「資本主義」**であり、それは現在の西欧や日本などが当然のごとく採用している社会体制となっている。つまり**アダム・スミスは現代的な資本主義を生み出した真の開拓者**なのだ。現在の中国のように、政治体制は共産党独裁だが経済活動は資本主義的という奇妙な国も少数存在する。これを見れば、マルクス的社会主義者・共産主義者（パート2参照）から見てさえ、経済は資本主義的にならざるを得ないことを実証している。

〝レッセフェール〟との出会い

アダム・スミスが生きた18世紀はイギリスの啓蒙思想の時代と重なっていた。それは中世以来のキリスト教会の宗教的権威主義やさまざまな旧弊が徹底的に批判され、合理的で批判精神にもとづく多様な考え方が噴出した時代である。

とりわけ革命的な思想として登場したのが、**アイザック・ニュートン**（66ページ注1）が切り開いた物理学的な自然観であった。ニュートンは旧来の宗教的世界観を根底から否定した。彼は、人間世界も地球も宇宙もばらばらに動いているのではなく、神の形作る〝共通の自然法則〟によって支配されていることを証明した。自然科学の時代の始まりである。アダム・スミスも、このような時代の潮流に乗ることで、まったく新しい経済思想を生み出した。

しかし彼は、その思想に至るまでに、当時の数人の先駆者から影響を受けてもいた。もっとも大きな影響を受けたのはフランスの**重農主義者フランシス・ケネー**（パート4参照）。ケネーは従来の重商主義をはじめて批判した人物である。

アダム・スミスがフランスに滞在することになったのは、時の大物政治家チャールズ・タウンゼント卿がアダム・スミスに義理の息子の家庭教師を依頼したためだ。1763年、アダム・スミスは教授職を辞めて家庭教師を引き受け（謝礼は教授職給料の2倍）、ヨーロッパに旅立った。各地を訪問した後フランスに着き、そこで問題のフランシス・ケネーと出会った。フランスに滞在した1年半はひどく退屈だったが、ケネーとの出会いが彼に予想外の収穫をもたらした。ケネーが、旧来の重商主義を重農主義へと転換させようとしていたからだ。

そしてこのとき彼が知ったフランス語が〝**レッセフェール**〟（**なすがままに任せよ**、すなわち**自由放任主義**）であった。金銀のみを追い求める重商主義から離脱すべしと主張した重農主義者たちがスローガンとして用いていたこの言葉は、その後むしろ、アダム・スミスの経済思想の標語として世界に知られることになる。フランス語のままで。

ちなみにケネーらが用いていたフランス語は〝**Laissez faire et laissez passer, le monde va de lui même !**〟というものだった。「**なすがままに任せよ、さすれば世界は勝手に回る！**」という意味だ。

図7⬅エディンバラの教会に葬られたアダム・スミスの墓碑。　写真／Zenit

こうしてイギリスに戻ったアダム・スミスは十分な年金を手にし、著作にとりかかった。そして10年後の1776年についに『国富論』を出版すると、この本はたちまち大成功をおさめた。初版は半年で売り切れ、彼の名は急速に世界に知れ渡っていき、彼はさまざまな名誉職を提供されるようになった。偉大な経済学者の誕生である。

しかしそれから10年余り後の1790年、彼は病に苦しんだ後、67歳にしてこの世を去ることになった。死を前にして彼は「もっとやりたいことがある」と口にした。だが同時に、残された膨大（ぼうだい）な未完の原稿の大半を廃棄するように言い残してもいた。

アダム・スミスは生涯独身を通し、人生の大半を母親と暮らした。彼を知る人々の証言では彼はよく独り言を言い、ぼんやりしていることが多かった。話し方や歩き方がおかしくもあった。あるときは紅茶にパンとバターを入れて飲み込み、「こんなまずいものははじめてだ」と口走ったりした。寝巻きのまま外に出て20km も歩き回り、教会の鐘の音で我に返ったこともあった。

アダム・スミスは自分の肖像画を嫌ったため、残された絵は死後に画家の想像で描かれた。周囲の者によれば彼は鼻が大きく、目が膨（ふく）らんで、話すときには突き出た下唇が神経質そうに震えていたという。●

3大経済学 パート2

マルクス経済学

資本主義は進化し、滅びる

人間マルクス

世界の半分がマルクスに染まった

大英帝国の首相を務めた**ウィンストン・チャーチル**はかつて、マルクス的社会主義についてこう述べた。

「君が30歳より若くて社会主義者でないなら、君には心がない。もし30歳をすぎてもまだ社会主義者でいるなら、君はただのばかだ」

マルクス主義は、知性と多少の教養をもつ人間ならいちどはその実像と虚像を知り、自分自身の反応と解釈を確認してみるに値する何物かである。

マルクスがロンドンで生み出し、**ソヴィエト連邦のレーニンやスターリン、中国の毛沢東**のような人々によって国民を支配するツールとして用いられたこの思想は、さまざまな名称とともに全世界に流布された。いわく、マルキシズム（マルクス主義）、マルクス思想、マルクス経済学、マルクス理論、マルクス＝レーニン主義、さらには科学的社会主義、唯物史観（唯物論的歴史観）、階級闘争史観、エトセトラ。

言葉は違えども意味するところはみな同じだ。どれも20世紀世界に畏怖すべき激しさで拡がったこの思想ないし信条にふさわしい、おどろおどろしい名ではある。

ここで注目するマルクス主義は、本書が世界3大経済思想として選んだ3つの思想のうちの2番目である。実際この思想は、誕生から数十年以上にわたり、世界の広大な地域と巨大な人口をその支配下におき続けた。

マルクス主義の大前進が始まったのは20世紀はじめの第

活動した時代●19世紀
主要な人物●カール・マルクス、フリードリヒ・エンゲルス
主張・特徴●富裕層が独占する資本を社会の共有財産に変え、階級のない協同社会を目指す。

マルクス経済学

図1⬇資本主義社会を痛烈に批判したカール・マルクス。彼の思想は社会主義運動や共産主義革命を引き起こし、世界を激動に導くことになった。下はマルクス自身の署名。写真／HSG

一次世界大戦の終結後である。全地球的な流血を引き起こした人類史上最大級のこの戦争は、**各国の政治社会体制までも破壊した**。このとき、それまで300年に亘ってロシアを支配したロマノフ王朝（帝政ロシア）をマルクスの予言どおりの**暴力革命**によって倒し、これにとって代わったのが、**レーニン**（次ページ**図2**）をはじめとする共産主義者たちがつくった**ソヴィエト連邦（ソ連）**であった。

ちなみにレーニンは革命のさなか、ロマノフ王朝家全員の銃殺を命じた。地下室に隠れていた料理人や子どももだ。遺体は焼いて灰にしたり硫酸で溶かしたりした。

マルクス主義を具現した世界初のこの共産主義政権は、その後、第二次世界大戦に勝利し（ドイツ、日本、イタリアの敗北）、その影響力を著しく拡大していった。ソ連に接して**中国という広大な社会主義国**が誕生し、全世界で10数億人が社会主義・共産主義の下で生きるようになった。さらに、東ヨーロッパ、アジア、アフリカ、中央アメリカ、南アメリカに属する国々までが社会主義の洗礼を受けた。

マルクスというひとりの人間が

生み出した思想は無敵のごとくであり、**当時の共産主義者たちは、マルクス主義が遠からず全世界、全人類を支配すると信じて疑わなかった。**

マルクス主義がどのような思想、どのような経済学かは後で見ることにして、ここではマルクスという人間とその思想の始まりを一瞥（いちべつ）しておこう。

図2⬆ロシア革命の主導者ウラジミル・レーニン（前列右から2人目）は若い頃からマルクス主義に傾倒し、25歳（1895年）で労働者階級解放闘争同盟を結成した。これは97年の同盟の会合で撮影されたものだが、年末に全員が逮捕され、レーニンもシベリアに流刑となった。

自由主義者から共産主義者へ

ヨーロッパが動乱の時代に入りつつあった1818年、ドイツ（プロシア）西部の街トリーアで、**カール・マルクス（図1）**はユダヤ人の両親から生まれた。両親はともにユダヤ教のラビ（聖職者）の家系であったが、父親はプロシアの役人になるためプロテスタントに宗旨替えしていた。

息子のマルクスは、成長するとボン大学とベルリン大学で法律の勉強を始めた。しかし彼は法律にはまったく興味を示さず、詩作や哲学に熱中した。とりわけ哲学――ヘーゲル流のドイツ観念論――には異様なまでに深入りし、徹夜で哲学書を読みふけり、独自の哲学体系をつくったりそれを投げ捨てたりした。父親は息子に次のような手紙を書き送って叱責したが、マルクスには何の効力もなかった。

「――おまえは注意散漫で、あらゆる知識分野をさまよい歩き、オイルランプの暗い光の中で血色の悪い顔をし、学者じみたガウンにくるまって衰え果て、ぼさぼさ頭で非社会的な不愛想な日々を送っている」

当時の大学は生まれたばかりの自由主義の理念に熱中し、教員も学生も興奮のるつぼに投げ込まれていた。彼らは**民主主義革命**の最前線に立ち、報道の自由やさまざまな権利の憲法化、**全ドイツの統一**を要求した。

マルクスも自由主義を訴える急進的な学生団体に加わった。彼は他の学生たちより年少だったが、大胆な発想や新鮮なアイディア、際立った行動力によって周囲から傑出した若者と見られるようになった。だが彼は短気で怒りっぽく、自信過剰で傲岸不遜(ごうがんふそん)でもあった。

1842年、マルクスはジャーナリズムに転じ、ライン州ケルンの富裕な自由主義者グループから資金援助を受けていた「ライン新聞」の編集長となった。そしてこの街で、以後の人生を通じて密接な関係を結ぶことになる**フリードリヒ・エンゲルス**（**図3**）と出会った。エンゲルスは裕福な工場経営者の息子で、親からイギリスの産業革命の発祥

図3⬆マルクスを生涯にわたって支えたフリードリヒ・エンゲルス。写真は1879年に撮影された。

マルクスの生涯

1818 ドイツ西部（プロイセン〈プロシア〉王国ロワーライン州）トリーアで8人兄弟の2番目として生まれる。エンゲルスは1820年裕福な工場経営者の家に生まれる。

1830 トリーアのギムナジウム（中等教育校）に入る（幼少期は家庭で教育を受けた）。

1835 ボン大学で法学を学ぶ（17歳）。

1836 ベルリン大学に転入。青年ヘーゲル派（熱狂的なヘーゲル哲学グループ）に参加。

1837 ベルリン郊外シュトラローでヘーゲル哲学に熱中。

1841 ベルリン大学卒業。イエナ大学に論文提出、哲学博士号取得。

⬅現在は記念館となっているマルクスの生家。
写真／Berthold Werner

1842 ライン州ケルンの「ライン新聞」編集長。エンゲルスと出会う。

1843 イェニイと結婚、パリに移住。44年長女イェニイ（母親と同名）誕生。

1845 ブリュッセルで共産主義グループの全ヨーロッパネットワーク「共産主義者同盟」に参加。プロシア国籍離脱。

⬆学生時代のマルクス（18歳頃）。

1848 自由民主主義革命後ケルンに戻り「新ライン新聞」発行。『共産党宣言』執筆発表。

1849 ロンドンに移り、同地で以後の人生を過ごす。

1867 『資本論』第1巻刊行。

1883 3月14日64歳で死去。ロンドンのハイゲイト墓地に埋葬（長女イェニイは同年1月、妻イェニイは81年死去）。

1885 エンゲルスが『資本論』第2巻、第3巻（94年）を編集刊行。エンゲルスは1895年死去（74歳）。

図4 ⬆マルクス（中央）は1848年、エンゲルス（右隣）らとともに革命推進を目的とする「新ライン新聞」を発刊したが、度重なる弾圧とマルクスの国外追放により新聞は49年に廃刊となった。

地マンチェスターにある綿糸工場をもらっていた。

だが、ここでのマルクスの反権力的な活動はプロシア政府から厳しく追及され始めた。結局彼はこの街を、そしてプロシアを去ることにし、当時もっとも自由主義的な都会と見られていたパリに移り住むことにした。そこでマルクスは共産主義者へと転向したのだった（社会主義と共産主義の違いについては左ページ**コラム**参照）。

プロレタリアートとブルジョアジー

マルクスの青年期、ヨーロッパは混乱の中にあった。それは、**フランス革命とそれに続く戦乱**の中から新しい支配者**ナポレオン**が登場した時代である。

ナポレオンは結局、プロシア、イギリス、ロシアの同盟によって敗北したが、その間にヨーロッパでは、自由主義的または民主主義的と呼び得るさまざまな勢力が台頭した。彼らは、それまで営々と続いてきた旧支配層、つまり王室や領主階層の弾圧を受けていたが、同時にそこではまったく新しい社会現象が進行してもいた。それはイギリスで始まり、史上もっとも強力な社会変革の動因となった「**産業革命**」である。

この革命は、18世紀に**蒸気機関**が実用化され、織物工業が機械化されると、もはや後戻りできない勢いであらゆる産業に拡がった。何世紀もの間、手工業の限界に閉じ込められていた生産方式にピリオドが打たれ、社会構造は根底から変革を余儀なくされた。その結果、まったく新しい階級「**プロレタリアート**」が出現した。

ドイツ語のプロレタリアートは「**賃金労働者階級**」を意味し（個々の労働者はプロレタリア）、**自らの労働力以外に何も所有していないので「無産階級」**でもある。彼らを雇う**資本家・企業家などの富裕階級は「ブルジョアジー」**。マルクスが新たに定義

豆知識 1848年にはヨーロッパ全土で自由主義運動や独立運動が巻き起こった。ドイツ（プロシア）でも市民が蜂起、国王に憲法制定や選挙にもとづく議会の開催を求めた。

したこの両者は対をなす概念だ。

　こうして資本主義が出現した時代、プロレタリアやその家族の生活は悲惨だった。工場や鉱山では毎日12時間以上も働かされ、そこでは無数の子どもも働いていた。彼らの住まいは過密で不潔であり、医療はなきに等しいため、つねにさまざまな病気が蔓延していた。誕生してまもない民主主義的な**資本主義は、同時に深刻な社会問題を引きずっていた**のだ。マルクスはこうした時代の生き証人となる宿

WE RULE YOU
われわれは
キミたちを
支配するぞ
WE FOOL YOU
われわれは
キミたちを
だますぞ
WE SHOOT AT YOU
われわれは
オマエたちを
撃ち殺すぞ
WE EAT FOR YOU
Nous mangenons pour vous
われわれはキミたちのために食べたいだけ食べるのさ
WE WORK FOR ALL
われわれは全員のために労働しなくてはならない
WE FEED ALL
われわれは全員を食べさせねばならない
PYRAMID OF CAPITALIST SYSTEM
La Pyramide du système capitaliste
ISSUED BY NEDELJKOVICH, BRASHICH AND KUHARICH.
Copyrighted 1911 by The International Pub. Co., 1747 W. 25th St., Cleveland, O., U. S. A.

図5 資本主義社会のピラミッド構造

⬇資本主義社会では、教会や資本家など少数の権力者が武力や警察力を行使して社会を支配し、一般市民から搾取している。これは1911年に描かれた世界産業労働組合のポスター。

資料／IWW

column

マルクス主義、社会主義、共産主義

　マルクス主義は、カール・マルクスとフリードリヒ・エンゲルスの思想の上に築かれた社会主義体系。これは**資本を社会の共有財産に変えて階級のない協同社会を目指す**とする考え方で、ここからさまざまな社会主義的、共産主義的思想が派生した。
　社会主義の国家では、すべての**経済資源は選挙で選ばれた政府により全国民に分配**される。社会階級はある程度残され、自分が他人よりいくらか多く稼ぐこともあり得る。
　他方、おおむね**暴力革命**によって実現する**共産主義**（ロシア革命によって生まれたソ連＝ソヴィエト連邦など）では、ほぼすべての**資産や経済資源は国家の所有と管理**の下におかれ、労働者階級などの社会階級は完全に破壊される。どのような国民も自分が他人より多く稼ぐことはできない。
　ちなみに、近代的な社会主義思想の端緒は18世紀末の**フランス革命**の時代である。マルクスとエンゲルスがより具体的な思想として『共産党宣言（共産主義者宣言）』を著したのはそれより60年近く後である。

命を背負っていた。生涯いちどとして工場の中の、プロレタリアの労働現場をのぞいたこともなかったとは言え。

労働者階級こそが救世主

パリで暮らし始めたマルクスであったが、その素顔は25歳の青年哲学者であり同時に失業者でもあった。

当時のヨーロッパには、マルクスに先立ってすでにさまざまな共産主義的な思想や活動家が存在していた。それらは労働者階級の悲惨な生活に刺激されて生まれたものだった。だがマルクスは彼らのおかれた状況にほとんど無関心だった。というのも、彼にとっての共産主義は、パリで自らが生み出した哲学研究の帰結そのものだったからだ。

そこでのマルクスの結論は「人間にとって最高の存在は人間自身である」というものだった。「**何者も人間の上に立つことはできない**」——彼は**神の存在を否定**して宗教を批判し、無神論者となっていた。

ではどうすれば人間は威厳をもって生きられるのか？彼が過去に学んだ哲学は無力である。哲学のみによって社会の非人間的環境を拭い去ることはできない。そのような変革を成し遂げるには強力な社会的力が不可欠であり、その力は、もっとも悲惨な状況におかれている社会階級すなわちプロレタリアートにある——これがマルクスの引き出した答だった。

以来〝哲学とプロレタリアートの融合〟がマルクスの目指す指導理念となった。**労働者階級は救世主としての役割をもち、全人類を解放する存在でもある**というのだ。

こうして哲学的思索から出発したマルクスは、その研究対象を現実社会へと移し始めた。それは、実際の社会経済についての知識を獲得して「**資本主義社会の解剖図**」をつくることを意味した。このとき以後、彼の研究は、不安におののきつつも経済学に集中することになった。

ロンドンでの悲惨な生活

1845年、マルクスはパリを去ってブリュッセルに居を移した。そこで彼は、ヨーロッパ各地に散っている共産主義グループがつくる秘密結社「**共産主義者同盟**」に加わった。さらにその3年後にはケルンに戻って革命新聞（新ライン新聞）を発行し、きわめて専制的で独裁的な編集長となった。エンゲルスも編集員のひとりとして加わった。

そしてこの年、後に歴史に残ることになる有名な『**共産党宣言**（「Das Kommunistische Manifest」）』を書いた（左ページ**コラム**）。この薄い冊子はエンゲルスとの共著で、

column

「共産党宣言」とは何か？

1848年２月、マルクスとエンゲルスは『**共産党宣言**』（**図６**）を発表した。これは共産主義者同盟による共産主義の目的とプロレタリアートの役割を明確化したマルクス思想の基本文献である。

この宣言は30ページほどの冊子として発行され、19世紀中に数度の改定をくり返し、ヨーロッパ各国語、ついで日本語を含む世界各国語に訳された。たびたび改定されたのは、マルクスの存命中に時代状況が変わるなどによってところどころ不適切が生じたためだ。

「**今日までのあらゆる社会の歴史は階級闘争の歴史である**」という有名な一文で始まる共産党宣言は次の４章からなっている。

第１章／ブルジョアとプロレタリア
第２章／プロレタリアと共産主義者
第３章／社会主義的および共産主義的文献
第４章／種々の反対党に対する共産主義者の立場

この宣言は世界のあらゆる**プロレタリア運動の指針**となり、19世紀後半〜20世紀末までの人類史を最大級につき動かした文書であった。その最後の一文はこう書いている。「**万国のプロレタリア、団結せよ！**」と。

図６⬇➡『共産党宣言』の初版。下はマルクスの草稿で、2013年、「世界の記憶」としてユネスコに登録された。

資料／IISG

前記の共産主義者同盟の綱領、すなわち**共産主義の目的と見解をまとめたもの**だった。わずか１０００部しか印刷しなかったが、19世紀に発行された世界的影響力のもっとも大きな文書となった。ちなみに同年、彼はプロシア（ドイツ）国籍を離脱した。

１８４９年、マルクスは偽造旅券を使ってパリに戻ったが、すぐに官憲によってそこも追われた。時のフランスはルイ・ボナパルト（後の皇帝ナポレオン３世）が大統領として統治しており、彼の居場所はなかった。彼は「自分に対する陰険な暗殺計画がある」と確信してパリを脱出、無国籍者となって家族とともにロンドンにたどり着いた。一家は以後の生涯をそこにとどまることになる。

ロンドンでのマルクス一家には過酷な生活が待っていた。そこは貧困な外国人の居住区で、６人家族は２部屋に住み、衣類を質屋に入れているときのマルクスは外出もままならなかった。肝臓の慢性疾患に冒されており、食欲不振、便秘、痔、胃腸カタルなどに苦しみ続けた。彼は短気で怒りっぽく、つねに苛立ち、不公平で、不満を抱いて疑い深く、論争しては嫌味なユーモアを吐く男――知人たちは彼をそう書き残した。

図7 ⬆マルクスの家族。上は妻イェニイ、中は娘のイェニイ（左）とローラ。下はメイドのヘレーネで、マルクスは彼女と関係をもち、男子を産ませた。

資料（上・中）／marxists.org

妻イェニイ（**図7上**）はマルクスの不機嫌の最大の被害者となり、そのため彼女の病気はストレスと不安によってしだいに悪化していった。

エンゲルスが残したマルクスからの手紙の中で、マルクスはたびたび、「家の中では何もかもが戦争のようで、一晩中流れる妻の涙が私を悩ませ、怒らせる」と書いた。

彼には定職がなかったため（いちど駅の切符係に応募したが断られた）、いつも金銭問題で不平をもらし、家族はしばしば**エンゲルスの援助に頼って生活していた**。エンゲルスが保管していたマルクスの手紙にはこんな内容のものもあった。「妻は病気です。小さなイェニイ（妻と同名の長女。**図7中**）も病気で、レンヒェン（メイドのヘレーネ・デムート。**図7下**）は神経性の熱を出しています」「私は金がないので医者を呼べません。家族には8日間も10日間もパンとジャガイモしか食べさせていません」（しかしヘレーネを妊娠させて子を産ませてもいる。この男子はエンゲルスの名前をつけられたが、出生証明書の父親欄は空欄であった）

だが、こうした悲惨な生活は革命のための自己犠牲であったという伝説はいくらか差し引いて聞いたほうがよさそうである。というのも彼の財政状態はいくらか謎めいているからだ。マルクス自身は破産状態でも、彼は相続や借金や寄付によってときにはかなりの額の金を動かしたとも見られている。彼は家族を放置し、そうした金が入ってもすぐに使ってしまったらしいのである。

『資本論』は革命の本ではない

ロンドンのマルクスは共産主義の組織活動にはほとんど加わらなかった。彼はほぼ毎日、大英博物館の閲覧室（えつらん）（彼の住む貧困地区から数百mの距離にある）に行き、そこで、将来あまりにも有名になる著書『**資本論**（**「Das Kapital」**）』（**図8**）を書いていたのだ。ちなみにこの閲覧室には若き

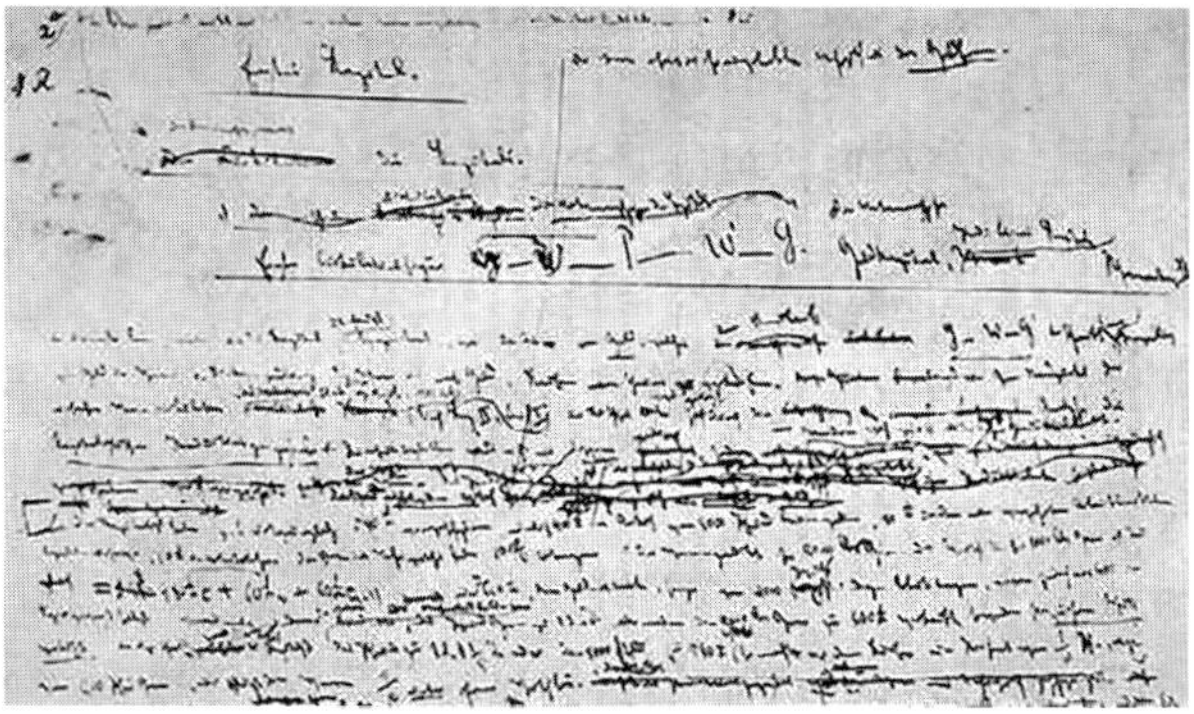

図8⬆1867年に発表された『資本論』の第1巻。エンゲルスの手により全巻が完成したのはマルクスの死後であった。右上はマルクス直筆の原稿。右資料／Philip Sauvain Picture Collection

日のコナン・ドイルやオスカー・ワイルド、レーニン(!)、後にはジョージ・オーウェルなども通ったことが記録に残されている。

彼ははじめ、この本は5週間で書き上がると考えていた。だが彼の存命中に出版されたのは『資本論』第1巻の一部にすぎなかった。しばしば病に苦しみ、また本の内容の構成が複雑だったため思うように書き進まなかったのだ。彼は「研究すればするほど新たな局面が現れ、新しい疑問が生じてしまう」と書き残している。

存命中に出版されなかった部分はみな断片的であった。そのため、**マルクスが1883年3月14日に椅子に座したまま死んだ後、エンゲルスが(彼の家のメイドとなったヘレーネに助けられて)編集して1冊にまとめた。**

世界の大半の人々は、『資本論』は〝革命の起こし方や社会主義社会の建設の方法〟を書いてある本だろうと考えている。実際はまったくそうではない。マルクスにそのような本を書く意図ははじめからなかった。彼はそこで、**資本主義社会における「生産諸力」**(彼特有のこの表現については後述)の変化がどのような社会の変化を引き起こすかを分析しようとしたのである。それも、かつての**奴隷社会や封建社会が生産力の変化によって消滅していった過程**から〝科学的に類推して〟である(ちなみにマルクスが**ダーウィンの『進化論』**から『資本論』

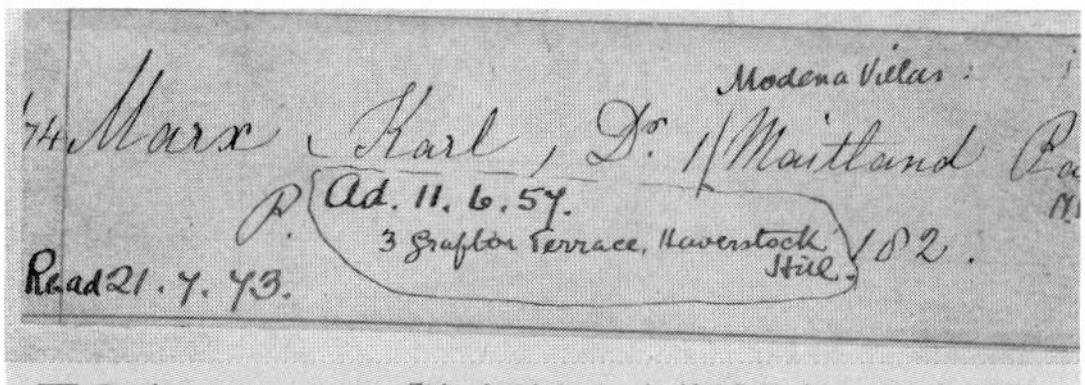

図9⬆マルクスは『資本論』を大英博物館の図書閲覧室で書き進めた。これは1873年7月にマルクスに交付された閲覧用チケットの記録。

の重要なヒントを得た点については**右コラム**参照)。

マルクスはこの本で社会主義や共産主義を説いたのではなく、文字通り**資本主義について、それがなぜ必然的に変化(進化)するかを解き明かそうとした**。

『資本論』はたしかにマルクスの主著ではあるが、それは大著である上、内容がいたるところ意味不明のため、ごく少数の専門家しか全体を読もうとせず、理解もしていないとされている。それゆえに、この本についての誤解が世界的に定着してしまったと見られている。

引き倒された英雄たちの銅像

ところで、20世紀に地上の半分を覆ったマルクス的社会主義ないし共産主義はその後、人類の理想社会へと前進し続けたのか? 彼の予言は果たされたのか?

事実はまったく違っていた。正反対のことが起こったのだ。西側世界から〝**鉄のカーテン**〟のむこうでゆるぎなく存在するかに見えたソ連とその周辺の社会主義諸国は、1980年代中ごろから一気に色褪せ始めた。そして、東西

column

ダーウィン進化論とマルクス理論の関係

マルクスの思想が当時のさまざまな社会思想と本質的に異なる点は、彼が「**社会は進化する**」と考えたことだ。その意味でマルクス思想は未来社会への楽観論であった。しかし、社会が進化するという見方はマルクスが発見したものではない。彼は多くの先人たち──古典派経済学のリカード、空想的社会主義のサンシモン、ドイツ観念論哲学のフォイエルバッハなど──の影響を受け、それらの上に立って、産業革命によって矛盾を噴出させつつあった資本主義社会を分析したのである。

だがあまり知られていないものの、マルクス思想に明瞭な形を与える上できわめて重要な役割を果たした人物がいる。同時代の生物学者**チャールズ・ダーウィン**である。

「生物は“**自然選択**”によって進化する」という衝撃的な進化理論を世に問うたチャールズ・ダーウィンの著書『**種の起源**』がロンドンで出版されたのは1859年のことだ。同じロンドンに居住していたマルクスはその翌年これを読み、すぐにある発見をした。ダーウィンの進化論の考え方を取り入れると、社会構造の歴史的変化についてのマルクス自身の見方を見事に理論化できるのである。

歴史上のある時点の社会構造は生物のある時点の姿におき換えられる。それらはいずれも過去のあらゆる変化(変異)の累積の結果であり、さらに将来の変化を導くものである──

『種の起源』から受けた影響によって、マルクスの考える資本主義の社会は、そこにとどまって変化する静的なものから、たえず変化し進化する動的なものへと姿を変えた。この本を読んだ後、マルクスはすぐにエンゲルスなどの友人たちに手紙を出し、「**ダーウィンの本は歴史的な階級闘争の自然科学的な基礎になる**」と興奮気味に書いた。

ダーウィンの本から8年後に『資本論』第1巻を刊行したマルクスは、それをダーウィンに送って敬意を表した。するとダーウィンから礼状が届き、丁重に「あなたの本の内容は私にはよく理解できないものの、たいへん興味深い内容であります」と書いてあった。ただしダーウィンの思想もまた、**トーマス・マルサス**の『**人口論**』などの影響を受けたものであった。

図10 ⬆1989年、東西ドイツ分断の象徴であったベルリンの壁が打ち壊された。これを皮切りに、東ヨーロッパの社会主義国家が次々に崩壊した。

図11 ➡世界の社会主義・共産主義国家（図の赤色）。多くの国で理念は形骸化し、全体主義体制となっている。
資料／Smurfy

ドイツを分断していた**ベルリンの壁**が多数のハンマーによって打ち壊されると（図10）、その後は息もつかせず**社会主義国家の崩壊が連鎖**した。偉大なマルクス主義はあまりにもあっけなく歴史の1ページへと追いやられたのだ。

社会主義の盟主を任じたソ連は、地上に落下した中身ががらんどうの像のように砕け散った。実際、社会主義の英雄として屹立していた**マルクスやエンゲルス、レーニンなどの立像は、首にロープを巻きつけられて引き倒された**。彼らの名を冠した誇り高き大学はまるで別の名称に変えられた。**マルクス主義は、その理念に忠誠を誓わされた何千万、何億の人々の生活と希望を踏みにじり、何千万人もの生命を奪った**がゆえに、それらの人々の怒りと怨念によって葬り去られたのだ（中国やキューバはいまも自国を社会主義国家と称しているが、むしろ全体主義と呼ぶのが実情に合っている）。

21世紀に入る直前、ドイツのある新聞にマルクスとエンゲルスの巨大な記念碑の風刺画が載った。その足元にはこう書いてあった——「みんなごめんね。ちょっと試してみただけなんだ」

マルクスの経済思想

資本主義は発展し、崩壊する宿命にある

かつての**社会主義諸国**（いまもごく少数の国がそう名乗っている）が国家運営の柱としていた思想は、**マルクスが生み出した思想と同じではない**。社会主義を標榜した国々は、マルクスとエンゲルスが残した『**資本論**』を、自国の政治運営に都合のよい教義として用いたのだ。

いいかえるなら、**社会主義国家はマルクス思想の実践の過程で生じたあらゆる不都合を糊塗し続けた**。彼らは、極端な権力構造が行きつく独裁、経済運営の困難性に対処するための誤った政策変更の積み重ね、そして国民の不満を抑え込むための抑圧と弾圧の1本道を、判で押したように辿った。そしてその**道の先には国家崩壊**が待っていた。

だがこれは、マルクスは正しかったが、それを採用した国々が理論を捻じ曲げたからだ、というわけでもない。彼の思想を現実の国家で実践しようとすれば、そうなるのが不可避だったとも言えるからだ。

■ポイント1

マルクス理論の骨子は以下のようなものだ。

マルクス主義の根底の世界観は「**唯物論**」、すなわち「精神活動の根源は運動する物質にある」とするものだ。この見方は「**弁証法的唯物論**」とか「**唯物史観**」と呼ばれるが、これはドイツ語や英語の〝**歴史的物質主義**〟をうまく日本語化したものだ。そしてこれこそがマルクスの社会変化についての歴史観であり、この世界のすべては人間の心から始まるとする「**唯心論**」**の対極**にある。

マルクスは「人間存在を決定するものは人間の意識ではない。**人間存在がその意識を決定する**のである」という有名な言葉を残した。こうも言った。「君がどのように物を生産しているかを言ってみよ。さすれば君が何者かを当てて見せよう」――なんとも独善的で傲慢な言い草である。

■ポイント2

マルクスは自分の唯物史観を人間の歴史に当てはめて、「（私は）歴史の客観法則を発見した」と宣言し、**歴史の駆動力は「物的生産諸力と生産諸関係の対立だ」**と言った。

生産諸力とは、道具や機械、科学技術などの生産手段を指している。他方、**生産諸関係**とは、生産諸力が用いられる社会構造、つまり誰がそれらを所有し、誰がそれらを用いて生産するかを意味する。これらの定義には、農民、手工業労働者、職人、工場労働者、工場設備、資本家・企業家

などが分別されて含まれている。

問題はここからである。ある社会発展段階に達すると、**生産諸力と生産諸関係の均衡が崩れて、両者が衝突する**ようになり、むしろ社会経済の障害になってくる。簡単に言えば、2つの要素が対立するようになり（＝資本主義的構造が行きづまり）、必然的に〝革命〟が起こる。**革命によって生産諸力を資本家・企業家の手から広く解放すれば、より適切な社会が生まれる**というのだ。

たしかに歴史を振り返ると、この見方には真実性があるように見える。奴隷制時代や封建時代には当然であった領主と使役（しえき）される小作人の固定関係――ヨーロッパの農奴制や日本の小作人制度の関係など――が廃止されてはじめて経済発展が実現したという歴史的事実があるからだ。

マルクスはこれと同じ関係が資本主義社会でも起こると確信した。資本主義的な生産システムは生産力の著しい増大をもたらしたが、それは同時に危機的状況を引き起こすことが見えてもいたからだ。こうして資本主義が危機に陥（おちい）れば、その後に経済的破局が訪れるだろう。これを避ける唯一の脱出路は〝社会主義革命〟を起こすことだ……

これをひとつの論理的な道筋として見ていくとたしかに説得力がある。限界のある偏（かたよ）った見方だが、いまを生きるわれわれでもつい同調しそうな危うさをはらんでいる。

だが当時の社会主義的、共産主義的な心理傾向をもつ人々には、マルクスのこの見方は衝撃的であった。これこそが歴史の発展法則であり、したがって「**資本主義は発展することによって崩壊する**」ことが必然であるがゆえに、その途上での**社会主義革命は避けられない**というのだ（社会主義と共産主義の違いについては25ページコラム参照）。

■ポイント3

太古からいまに至る人間の歴史は「**階級闘争**」の歴史である。したがってマルクス理論を語る上では階級（クラス）の概念が必須である。あらゆる社会は「社会的諸階級」、すなわち生産手段を所有する人々の階級と所有しない人々の階級からなっている。

マルクス理論を採用した社会主義国は例外なく、政治闘争の手段にこの階級という概念を用いた。歴史的に正しい階級である労働者階級と、正しい階級意識を持つ者の階級は、**人の生死を決定することもできる**という。

実際、**ソ連の独裁者となったスターリン**（35ページ図12）は、1920年代に**数百万人の〝クラーク〟（富裕な農民）を殺害**した。彼らは労働者を雇って働かせていた

〝所有者階級〟だったからだ。

また中国では**毛沢東**が1966年に「**文化大革命**」を命じ、労働者階級から権力を奪おうと目論んでいる**〝資本家の残滓〟を一掃せよ**と布告した。これは、その前に実行した**「大躍進」の失敗で数千万人が餓死した事実を糊塗**しようとして全国民に号令したものとされている。そしてこの号令に従った学生や農民、紅衛兵が反乱を起こし、海外の研究では数十万～2000万人が殺されたとされている。

当時の中国国民は安物の赤いビニール表紙の『**毛主席語録**』（**図13**）を持たされ、そこに書かれていた「革命は暴動であり、**ひとつの階級が他の階級を打ち倒す激烈な行動**である」の一文が文化大革命のスローガンとなった。当時の日本でもこの語録は容易に手に入り、筆者も手にした。

カンボジアでは1980年代、**ポル・ポト**に率いられた**クメール・ルージュ**（赤いクメール）が原始共産主義を旗印にした内戦で、200万～300万人の自国民を殺害したと見られている。

前述したようにマルクス理論では、人間の歴史を駆動する力は階級と階級の対立、

> ▼**豆知識**　文化大革命では、毛沢東を熱烈に支持する青少年が「紅衛兵」を名乗り、書物や文化財を次々に破壊したほか、反革命と目される地主や党幹部、知識人、芸術家などに自己批判の強要や暴行をくり返し、多くの犠牲者を出した。

すなわち「**階級闘争**」だという。古い社会には進歩的な階級（社会主義的勢力、左派）と保守的な勢力（進歩に抵抗する反動勢力、右派）が存在し、それらが対立するようになる。社会主義的勢力は歴史を進歩させ、保守的勢力はそれを妨げようとする。**資本主義社会で進歩を引き起こそうとするのは、労働力以外に何も所有しない無産勤労階級（プロレタリアート）**である。

プロレタリアートは失うべき何物も持たないがゆえに、歴史的使命を与えられている。彼らは、**資本家から生産諸力を奪い取って解放する**（社会主義革命＝実力行使による暴力革命を実行する）ことにより、彼ら自身および全人類の解放者となる。つまり**プロレタリアートは地上に〝無階級社会〟という楽園をもたらす宿命**にある――。

ちなみにいま、進歩的階級は善で、保守的階級（共産主義者の言葉では反動主義者、反動勢力）は悪のように書いたが、こうした**単純な図式化は社会主義、共産主義を信奉した人々に特有の物言い**なので、読者が多少とも真に受けると物事をとんでもなく誤解することになる。

> ▼**豆知識**　ポル・ポト政権は農業共同体にもとづく共産化を目指し、貨幣を廃止、学校教育を否定した。対抗勢力や知識人に加え、都市住民や少数民族も集団農場に送り、抵抗するものは強制収容所に入れて殺害した。

図12 ⬆1949年、スターリンの誕生祝賀式典に共産圏国家の指導者たちが顔をそろえた。右からモンゴルの首相、東ドイツの国家元首、スターリン、ソ連の軍事相、毛沢東。

図13 ⬅1960年代、中国国民必須の書となった『毛首席語録（毛沢東語録）』。

マルクス思想の中核はプロレタリア独裁

このような思想は、**経済理論というよりは宗教信仰**に近い。そのため、ひとたびマルクス理論を信じた者は他のいかなる信念や経済学や社会思想に対しても寛容ではあり得なくなる。彼らは必ず、マルクス自身が名づけたところの〝**プロレタリア独裁**〟（次ページ**注1**）を実現しなくてはならないと信じる。

こうして見るとわかるように、ソ連でレーニンとスターリンの実行した専制的な一党独裁も、中国における毛沢東の独裁（毛沢東主義）もマルクス思想の下で正当化された。

20世紀、マルクス思想はこうして世界人口のほぼ半分を呑み込んだ。かつて人類の歴史上、これほどのスケールで人間がひとつの政治体制、ひとつの信念や信仰や思想の下で生きかつ死んでいったことはない。これは疑問の余地なく人類史的な大事件であった。だがそれは、**数十年にわたって社会主義を信奉した国々の人間を窒息させ**、そして20世紀末までにその大部分が地上から消滅していった。

市場経済は最終的に勝利したか？

自国の社会主義が崩壊したとき、その国民は西側の資本主義諸国の経済発展をはじめて目にしてただただ驚くばかりだった。**東ドイツが崩壊して西ドイツと再統一**されたときの事例はもっとも典型的であった。筆者は再統一から9年後にもとの東ドイツ地域を訪れ、西ドイツとのあまりの格差にめまいを覚えた。安普請の灰色の建物といたるところに残された貧しさ。臭い排ガスをもくもくと吐きながらいまだに走っていたボディがプラスチック製の乗用車——どう見ても西側先進国からはかけ離れていた。

　だがそれが、マルクス思想、マルクス経済学が通り過ぎた後に残された風景だった。**マルクス経済学は完全な失敗**であることが、とほうもない人命の犠牲や人々の苦難とともに実証されたことは誰の目にも明らかだ。21世紀のいまもごく一部の社会主義国がその旗を上げたままとは言え、

図14⬆旧東ドイツの都市ケムニッツに設置されたマルクスの記念像。頭部の高さは7mに達する。この都市はかつてカールマルクスシュタットと呼ばれていた。

写真／Tobias Nordhausen

だが、では他方の資本主義的な経済が完全勝利したかと言えば、いまの世界を見るかぎり、そんなことはまったくありそうもない。1990年代に社会主義から資本主義に転向した国々は、以来30年が経っても先進諸国にはまったく追いついていない。**資本主義に彼らを立ち直らせる魔力はないらしい**。

　さらに、資本主義の途上国や貧困国は言うまでもなく、先進諸国でさえ経済的な安定には達していない。不平等、失業、頻繁に訪れる不況——イギリスで〝**マンチェスター資本主義**〟（**注2**）が始まった時代の社会問題は、多少の進歩は見られるものの、いまも世界を覆い続けている。人間社会のありようはマルクス的な社会主義・共産主義ではないと実証されたものの、自由主義的な資本主義もまた最終回答になってはいないようである。●

注1◆プロレタリア独裁
資本主義社会で人々が社会主義革命を起こしたとき、当初はプロレタリアート（労働者階級）が少数のブルジョアジー（資本家階級）から権力を奪い、共産主義社会を構築していくとするマルクス主義の政治用語。

注2◆マンチェスター資本主義
イギリス、ランカシャーの工業都市マンチェスターは、産業革命後、豊富な水力と石炭、湿潤な気候によってイギリス工業の一大中心地になった。その結果、資本と賃金労働の上に立った産業構造が生じ、これが高じてきわめて劣悪な労働条件、スラム、公害などが発生し、社会は資本家と労働者階級に大きく二分され貧富の差は著しく大きくなり、資本主義社会に固有の問題が噴出した。これをマンチェスター資本主義と呼ぶ。

3大経済学
パート3

ケインズ経済学

大不況は政府が制御せよ

活動した時代●20世紀前半
主要な人物●ジョン・メイナード・ケインズ
主張・特徴●需要が供給を生み出す。総需要の不足が短期的不況の原因となり得る。

人間ケインズ

ケインズはどこから来たか?

3大経済学の3番目、それはよく見かけるとはいえ、本書においてもやはりケインズおよびケインズ経済学である。よほど偏屈でもないかぎり、この〝20世紀最大の経済学者とその経済学〟に異議はさしはさめないからだ。

しかしここでは、彼の経済学に目を向ける前に立ち寄るべき問題がある。それは、**ジョン・メイナード・ケインズ**(**図1**)がどのような人間かである。本書で注目する

図1➡1946年、ケインズ(右)は、自らも設立にかかわったIMFの会合に出席し、アメリカの財務次官補ハリー・デクスター・ホワイトと会談した。死の1カ月前だった。下はケインズの署名。
写真/IMF

どんな経済学も、天から突然降ってきたり地から湧き出したのではなく、ある時代、ある社会を生きた人間が生み出したものだ。その背景や人間性を無視して、後に残された成果らしきものだけを並べてあれこれ評論しても、物事の表面をなでまわすだけに終わってしまう。

そうした観点で見ると、ケインズは、単に近代史に残る高名な一経済学者として眺められるだけの人間からはほど遠かった。彼は19世紀末の、地球の陸地の4分の1を支配下においていたイギリス（大英帝国）の上流階級として生を受けた人間である。その時代のイギリス上流階級はほとんど誰もが、世界を高みから見下ろす、ないし見下す以外の視野はもっていなかった。

とりわけケインズは、典型的にもケンブリッジ大学の経済学者の子として生まれ、ケンブリッジ大学の学生として人生を始めた。彼は人生の前半を、長年にわたって同性愛者として生き、相手の男た

豆知識　IMF（国際通貨基金）構想には世界中央銀行に重きをおくケインズの案と外国為替市場で通貨安定を図るハリー・デクスター・ホワイト（前ページ写真左）の案があり、後者がおもに採用された。なおホワイトは日米開戦時、"最後通牒" ハル・ノートの草案を書いた人物。戦後はソ連スパイとして追及され、薬物を過剰摂取して死亡した（55歳）。

ケインズの生涯

1883　ケンブリッジにて、経済学者の父ネヴィルの長男として生まれる。裕福な家庭で育つ。幼少期は病気がち。

1897　イートンカレッジ入学。

1902　ケンブリッジ大学キングスカレッジに入学。アルフレッド・マーシャルに師事。同大学哲学・倫理学教授G・E・ムーアの影響を受ける。

写真／Antoine Taveneaux

⬆ケンブリッジ大学キングスカレッジ。

1905　ケンブリッジ大学卒業後、06年インド省に勤務。

1910頃　芸術家や作家などの「ブルームズベリー・グループ」と交流。

1912　王立学会誌「エコノミック・ジャーナル」編集長。

1913　最初の著書『インドの通貨と金融』刊行。

1915　大蔵省に入省（～19年）。

1919　大蔵省の代表としてヴェルサイユ会議（パリ講和会議）に出席。ドイツに対する法外な賠償額を批判し、会議の途中で辞任。『平和の経済的帰結』発表。

1919～21　ケンブリッジ大学で教鞭をとる。

1920頃　複数の投機的事業に着手。

1921　リディア・ロポコワと出会う。

1923　『貨幣改革論』発表。

1930　『貨幣論』全2巻刊行。

1936　『一般理論』刊行。

1940　『戦費調達論』発表。

1941　イングランド銀行理事。

1944　ブレトンウッズ会議に出席しIMF設立に尽力。世界銀行の初代副総裁に就任。

1946　サセックスにて62歳で死去。

1883　マルクス死去。

1904　日露戦争で日本勝利。

⬆若い頃、ケインズ（右）と同棲していた画家D.グラント。

写真／Michael Holroyd

1914　第一次世界大戦（～18年）。

1917　ロシア革命（ソヴィエト政府誕生）。

1921　中国共産党誕生。

1929　世界恐慌。

1933　ヒトラー、ドイツ首相就任。

1937　日中戦争。

1939　第二次世界大戦（～45年）。

1945　国際連合発足。IMF（国際通貨基金）、国際復興開発銀行設立。

ケインズ経済学

ちの名前を細かく記録するような人間でもあった。

個人の性的嗜好（しこう）は経済学とは無関係だと忠告する人がいるかもしれないが、ケインズの場合はそうも言い切れない。彼の**同性愛による人間関係は非常に長くかつ広範**であった。欧米の経済学者の中には、そのことがケインズの経済学と無関係ではないと評する者がいる。また、**生涯子どもを持たなかったことがケインズの経済学に未来展望の視点が欠けている理由**だと分析する者もいる。

2人の同類、ケインズとH・G・ウェルズ

ケインズは40代半ばになってはじめて女性（ロシア人バレリーナ、**リディア・ロポコワ。図2**）と交際し、数年後に結婚した。同性愛の経験は豊富だが女性にうといこの高名な中年男は、知人に、女性との交際にはじめのうち戸惑ったとも告白している。ロポコワとの間に子はできなかった（いちど流産したとの噂もある）。

図2⬆ケインズ（右）と後に妻になるリディア・ロポコワ。ロシア出身の彼女は有名バレエ団のトップダンサーであった。
写真／Walter Benington／NPG

他方で彼は、生涯を通じてきわめて強力な「**優生学**」（次ページ**コラム**）の先導者であった。そしてこの考え方が、彼の生物学的、社会学的思想の背景ともなっていた。

ケインズがダーウィン進化論から派生した優生学の信奉者であった点は、ケインズ経済学を考える際に軽視することはできない。というのも彼は、いまの日本人が単純に期待する偉大な経済学者のイメージとは乖離（かいり）した人間観をもっていたからだ。彼は優生学を積極的に信奉する人々の論理的帰結として、際立った**人種差別主義者**だった。

そこでこうも言えよう。誰もが敬意を払わずにはおれないケインズ経済学なるものは、黄色人種や褐色人種や黒色人種をハナから対象にしてはいなかった。自分を対象外としている経済学をしかつめらしく学んだり論じたりする者がいるとしたら（これを書いている筆者もそのひとりだろうが）、何やら滑稽であると。

ケインズは、同時代のイギリスの、これも高名な小説

家・歴史学者**H・G・ウェルズ**（図3）と長きにわたって親密であった。ウェルズは、SF小説『タイムマシン』や『透明人間』などの作者として日本でも広く知られており、彼の作品は何度も映画化されて世界中で上映されてきた。

この2人はともにイギリス上流階級に属し、人間の社会階級や〝人種的資質〟（彼ら自身を最上等と見たときの他人種のクォリティー）についてまったく同じ見方をしていた。つまりダーウィン進化論という〝科学的な見方〟に立ち、「遺伝的に優れた者の子は優れており、遺伝的に劣った者の子は劣っている」としたのだ。これはいまではしばしばタブー視される優生学的観点だが、当時は強い影響力をもって世界に拡がっていた。

世界人口を縮小するケインズ的方法

実際ケインズはさまざまな機会にこの見方を表明した。ある時には、『人口論』で有名な**トーマス・マルサス**（パート5参照）を賞賛した後でこう書いている。

「世界人口を適切に維持するには自然界の秩序に頼ることはできない」「世界人口を（人工的に）縮小することができれば、世界はより幸福になるであろう」「東側世界のインド、エジプト、中国の人口はきわめて過剰であり、白人は人種闘争のただ中にいる。政府は帝国主義的な過激な手段を用いてでも**多産系の東側から白人を守るべき**である」

さらに「世界人口が多すぎる問題は有色人種を減らすことによって解決できる」「女性は男性より劣った性である」などとも発言している。

他方、ケインズの盟友H・G・ウェルズは名だたる〝レディーズマン（女たらし）〟で、どんな女性をも惹（ひ）きつける魅力をもち、多くの有名女性と関係をもっていた。そのウェルズは思想的にケインズと酷似しており、彼はアドル

column

優生学の歴史

優生学をめぐる議論は多岐にわたるが、おおむね、**人間の将来世代を改善するために望ましい遺伝的性質を選択するという考え方**を指している。

優生学（eugenics）という用語はイギリスの自然科学者**フランシス・ゴールトン**が1883年に生み出した。彼はダーウィン（ゴールトンの従兄弟にあたる）の自然選択の見方、つまり「**より適切な生物種や血統はより劣ったものよりも迅速に優越していく**」とする理論の影響を受けて優生学の概念を提出し、後に“優生学の父”と呼ばれることになる。この見方は19世末には、社会における人間は「**適者生存**」に支配されるとする“**社会ダーウィニズム**”を発展させた。そして第一次世界大戦までに多くの科学者や政治指導者が優生学を支持した。だがナチスがこの思想をもとに人種の絶滅を企図したことが厳しく批判され、優生学は1940年代までに科学的思想としては失敗することになった。

ケインズ経済学

フ・ヒトラーの演説も及ばない議論を展開した。ある作品の中で彼は、「弱い者は強い力によって同情も慈悲もなく殺されねばならない。病人、不具者、黒色や茶色や汚い白色や黄色い人間たちは消えねばならない。科学的理想郷(ユートピア)を作り出すためにである」と書いている。

この2人はともに「**イギリス優生学協会**」の幹部会員でもあった。彼らに代表されるイギリスの知識階級や上流階級が労働者階級や有色人種をどのように見ていたかを、これらの言葉や記述がよく示している。

もっとも彼らに限らず当時は優生学的思想は少しもめずらしくなく、この思想を法制化して**劣性の遺伝子をもつとされる者の断種**(生殖機能を停止する手術)がヨーロッパやアメリカで広く行われていた。日本でも**優生保護法**の下で非常に多くの事例が記録に残されたが、同法は1996年に改定され、以後の関連法は母体保護法となった。

図3⬆『タイムマシン』や『宇宙戦争』などのSFで知られる小説家H・G・ウェルズ。強い優生思想の持ち主でもあった。

こうした見方と表裏をなすように、遺伝的にすぐれていると見られる男女間で子孫を残す運動も拡がった。これは**ナチスのアーリア人種思想**(〝純粋なゲルマン民族〟などのアーリア人増殖のための専用施設まで建設された)と異なるところがない。コーケシアン(白色人種)優越主義ではないが、中国やインドではこれと類似した見方を定めた法律ないし制度が現在も存在する。

20世紀後半、優生学は社会的に葬(ほうむ)られるかとも見えたが、現実はそうではなかった。遺伝子工学が可能となった21世紀のいまでは、この思想は〝**精子銀行**〟や〝**デザイナーベイビー**〟などとともに新しい生命科学として世界的に復活している。したがって、当時のケインズやH・G・ウェルズの思想を歴史の1ページとして切り捨て、経済理論のみを切り出して語っても、それはご都合主義でしかない。

豆知識 遺伝子研究の進展により、現在では病気の遺伝子のほか、知性や運動能力、外見に関連する遺伝子なども部分的に判明している。そこで今後、受精卵に〝優秀な遺伝子〟を導入した〝デザイナーベイビー〟が生み出される懸念もある(中国ではすでに誕生したとも報道された)。

ケインズ的な「大きな政府」

ケインズが見る〝大衆の金銭感覚〟

いま見たような多少の背景を踏まえたうえで、本来のトピックであるケインズ経済学に目を転じることにする。そもそもケインズは、社会経済あるいは国家経済がどんなものであり、どのように管理すべきだと主張したのか。ケインズ経済学とは何のことかである。

これまで世界のあらゆる経済学者やエコノミストがケインズ経済学を論じてきたものの、一般人には何がこの理論の核心なのかはっきりしない。彼が用いた用語や概念についても、個々の経済学者が自己流に解釈し、ときには批判し、ときには否定する。

少なくとも、ケインズ経済学は当時の主流であった「古典派経済学」(今でいう新古典派。パート10)に反旗をひるがえしたまったく新しい経済の見方であった。そこでは一国の経済をトータルな視点で扱うので、個別の経済事象を研究するいわゆるミクロ経済学の対立概念としての「**マクロ経済学（巨視的経済学）**」ということになる。

ケインズの経済思想はよく〝**革命的（ケインズ革命）**〟とまで言われてきたが、それはとりわけ不況を抑える手法についてである。彼は、「**不況を抑え込んで失業率を引き下げるには、大規模な政府支出によって総需要を増やせばよい**」と言った。これはケインズ経済学の核心とされている。

政府支出を大規模に増やすと聞くとすぐに〝大きな政府〟や〝社会主義的な政府〟が思い浮かぶ。だがケインズの言う大規模な政府支出はすなわち大きな政府ではないとする見方もあるので、答は面倒である。

ケインズの経済学は資本主義社会でしばしば起こる〝大不況〟を分析し、その対処策を導くことにあった。資本主義の分析者としてはケインズよりアダム・スミスやカール・マルクスのほうが先輩である。だがケインズがそこで導き出した答は、先の2人とはまったく異なっていた。

ケインズ理論が一般人にとって興味深いところは、彼の分析がおもに**大衆、すなわち社会を構成する大多数の人々の金の使い方**に焦点を当てていることだ。

大衆つまり特別の富裕層でも極端な貧困層でもないふつうの人々は、自分の現金収入が増えたときに余分の金をどう使うか――彼はそれを社会心理学者のように分析した。そして、大衆がその余剰分を消費にまわすかそれとも預金にまわすかで社会経済に大きな影響が生じると分析し、

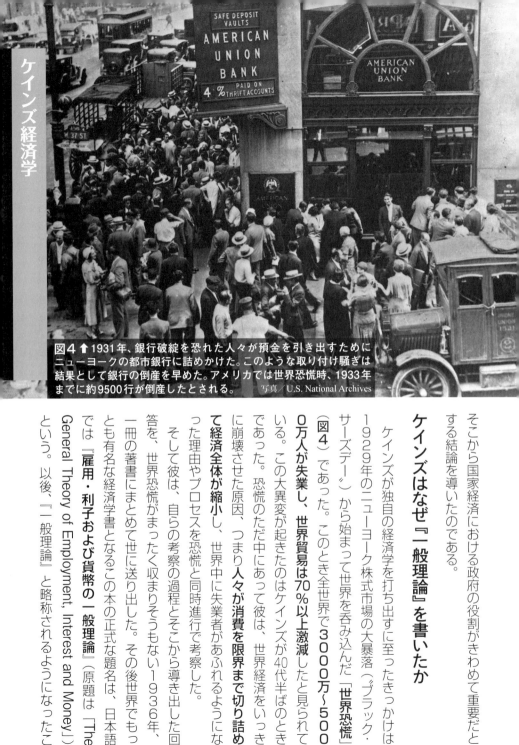

図4 ⬆1931年、銀行破綻を恐れた人々が預金を引き出すためにニューヨークの都市銀行に詰めかけた。このような取り付け騒ぎは結果として銀行の倒産を早めた。アメリカでは世界恐慌時、1933年までに約9500行が倒産したとされる。　写真／U.S. National Archives

そこから国家経済における政府の役割がきわめて重要だとする結論を導いたのである。

ケインズはなぜ『一般理論』を書いたか

ケインズが独自の経済学を打ち出すに至ったきっかけは、1929年のニューヨーク株式市場の大暴落（〝ブラック・サーズデー〟）から始まって世界を呑み込んだ**「世界恐慌」**（図4）であった。このとき全世界で**3000万〜5000万人が失業し、世界貿易は70％以上激減**したと見られている。この大異変が起きたのはケインズが40代半ばのときであった。恐慌のただ中にあって彼は、世界経済をいっきに崩壊させた原因、つまり**人々が消費を限界まで切り詰めて経済全体が縮小**し、世界中に失業者があふれるようになった理由やプロセスを恐慌と同時進行で考察した。

そして彼は、自らの考察の過程とそこから導き出した回答を、世界恐慌がまったく収まりそうもない1936年、一冊の著書にまとめて世に送り出した。その後世界でもっとも有名な経済学書となるこの本の正式な題名は、日本語では**『雇用・利子および貨幣の一般理論』**（原題は「The General Theory of Employment, Interest and Money」）という。以後、『一般理論』と略称されるようになったこの本は、ケインズの著作中の最後の一冊である。

当時の主流であった古典派経済学では、世界恐慌のような大異変は起こらないはずであった。というのも、社会経済のマーケット（市場）には本質的な自律調整作用があり、ときに経済が好況側や不況側に振れることがあっても最終的には安定を取り戻し、したがって長い目で見れば失業は存在しないとされていたからだ。

これは、経済学の真のパイオニアたるアダム・スミスの〝レッセフェール〟、つまり経済の自由放任主義を引き継ぐ伝統である。「何事もなすがままに任せよ」というのだ（パート1参照）。平明に言えば「何が起こっても放っておけ」である。**この見方では、世界恐慌やとほうもない数の失業者の出現はあるはずがない。**としたら1929年にいったい何が起こったのか？

過去の経済学は投げ捨てよ

ケインズはこのとき『一般理論』の中で、近代経済学の歴史上はじめて**〝レッセフェール〟を過去のものとして切り捨てた。**放っておけば経済は安定を取り戻し失業者はほぼ消えるという見方そのものが誤りだと言ったのだ。そして、**彼の考えこそが、「既存の経済形態が根底から崩壊することを防ぎ得る唯一の現実的手段である」**と宣言した。

自信に満ちた彼の考えとは何か？　それは、ケインズの思想を受け継ぐ経済学者、すなわち**〝ケインジアン〟**の率いる小集団が経済政策への思慮深い介入と管理を行うことによってのみ、**資本主義を社会主義やファシズム、共産主義から救うことができる**という意味であった。

そして驚くべきことに、『一般理論』の刊行からわずか10年ほどのうちに、ケインズの考え方は、近代的な経済活動を理解しかつ管理する枠組みとして、ほぼ全世界で受け入れられてしまった（ロシア革命後のソヴィエト連邦とその周辺諸国は除いてだが）。

高い失業率と低い工業生産、それに企業家たちの臆病な設備投資という最悪の条件が重なって産業界が萎縮し、経済が立ち往生する――こうした表現によって人々に「社会が崩壊する」という恐怖感を抱かせたのは、ケインズが用いた巧みなレトリックだった。経済が崩壊状態にある中で人々がパニックを起こしておびえている時代に、ケインズの発したメッセージはとりわけ若い世代の心を強く共鳴させた。大きな視野から書かれた彼の著書は、時の知識人へのいわば宣言書であった。

彼は、自らが欧米の支配体制の中枢にいながら、ほとんど誰も疑問を差しはさまなかった古典派経済学の見方を拒否し、「それは誤りであった」と言ってのけた。そして、資本主義世界の常識であるレッセフェール的な経済原理は、**「完全雇用」という仮想的条件**が満たされている場合にのみ正しいと言ったのだ。

完全雇用はケインズの造語で、誰もが職業をもっており失業者がひとりもいないという意味ではない。それは、**働く意思と能力をもつ者がみな仕事をもっている状態**のことだ。働く意思も能力もない者が毎日ぶらぶらしていても失業者とは呼ばない（ちなみに、共産党独裁のいまの中国では、国家的な失業率に約3億人の農村人口を含めていない。農業で生きている者は、たとえわずかな農作物をつくって何とか生きている状態でも有業者とされる。失業は都市住民についてのみ用いられる概念である）。

こうしてケインズは、ケンブリッジ大学における自らの師匠であり当時の経済学の大立者**アルフレッド・マーシャル**（89ページ表1）などが基本原理としていた古典派的な経済理論を、弟子の身ながら無視したのである。

ケインズ経済学

「作ったものはすべて売れる」ことはない

いま見たように既存の経済学を否定したケインズは、では何が原因で不況が起こると主張したのか？

彼によれば、その理由は**「総需要」が不適切**だからである。総需要という言葉もまたケインズの造語で、ある国の**GDP（国内総生産）に対する需要**のことだ。具体的に言えば、その国の国民による消費と投資、政府支出、それに純輸出（輸出マイナス輸入）の合計である。

ケインズが「総需要が不適切なとき」と言ったのは、ある先人の〝有名な原理〟があったからだ。その先人とは、19世紀前半のフランスの**ジャン‐バティスト・セイ**（65ページ表1）である。この経済学者・実業家の男は「**セイの法則**」によって経済学の歴史に名を残した。

その法則は「**作ったものはすべて売れる**」というものだ。どんなビジネスを行っている者もこの法則を聞いたら興奮せずにはいられないであろう。自分の会社が生産している自動車や家電製品や衣服はもとより、ケーキやまんじゅうに至るまで、作る片端からすべて売れていくのなら、ビジネスをやる者には何の苦労もついてまわらない。

セイが実際に記した表現の意味はこうだ――「どのような生産物も、それが作り出されるや否や、その価値に見合う他の生産物の市場を生み出す」

原語のフランス語はさまざまな他言語に訳されたが、直訳するとわかりにくいので、たいていは苦労して意訳された。たとえば「供給はそれ自身の需要を生み出す」とか、さきほどの「作ったものはすべて売れる」の類だ。後者は単純明快なのでたいていはそこにたどり着く。

前記2つの意訳の最初のものは、実はケインズの英訳をそのまま日本語にしている。そしてケインズは、セイの法則をこのように解釈した上で、それを批判し否定した。そのため他の古典派経済学者の中には、ケインズの解釈がそもそも間違っているとして反論した者もいる。

ともあれケインズは、古典派経済学の支柱の1本であるセイの法則は誤りだと言い切った。彼は「**貨幣が生産物の価値を決める社会ではセイの法則は通用しない**」と言ったのだ。貨幣が価値を決める社会とは**現代的な金融経済の社会**を指している。たしかに世界恐慌のただ中では、古典派経済学が主張する経済原則は崩れたと見えたのであろう。

ユーフォリアと絶望を行き来する大衆

そしてケインズは、**経済が好調のときには大衆は〝ユーフォリア的〟**に、つまり精神疾患的な多幸症のように振る舞い――いわば客観性を失って舞い上がり――空虚で無内容な爽快感を抱くようになると述べた。何に対しても楽天的で何事も苦にしないので〝人格が低下する〟とも。身に不釣り合いな金をもつと阿呆になるということだ。

これは1980年代後半の**日本のバブル経済**のさなかを思い出させる。当時の日本人の多く、なかでも何らかの事業を行っていた人々は、日々無意味とも見える多額の現金や不動産を手にし、自らの人生に対する誠実さや生きる意欲までも失った。国中が尻を振って空虚な舞を舞っていた。

ケインズは、こうした精神状態に陥(おちい)った大衆は**平気でリスクを冒す心理――彼の言葉では〝アニマル・スピリッツ〟**――の持ち主になると言った。無意味な自信にあふれて後先考えずに消費するとも。彼はここですぐれた社会心理学者になっている。

ところがこうした**大衆は、不況に襲われると今度は一転してパニックを起こし絶望する**。人々は明日への不安や恐怖からほとんど消費しなくなり、多くの自殺者が出て不況は泥沼化し、もはや自律的回復は望めなくなる。この状況から脱け出して経済を活性化できる唯一の手だて――それは**外部的な力としての「政府支出」**だと彼は主張した。

恐慌の中の社会はどこに向かうか?

話を世界恐慌のさなかに戻すと、ケインズの分析では、当時の経済は、**賃金と貯蓄、消費、流動性選好（現金を手元から離そうとしない心理。これもケインズの造語。図5）、それに投資がひとつの均衡点に達していた**。これこそが大不況の正体であった。結果的にヨーロッパと北アメリカの**失業率は20～25％**にも達した。

ちなみにここで言う「投資」は儲けるための株式や不動産への投資ではなく、**ものの生産やサービスの提供のために必要な投資を広く含む**ケインズの専門用語である。

ケインズは、西洋世界はこの氷河期的状態に長期間、最悪の場合は10年間も〝封じ込められる〟と予見した。さらに彼は、このような社会がどこに向かうかも見通した。

当時は大半の家庭の収入の道はただひとつ、つまり一家の大黒柱の勤め先しかなかった。したがって失業率25％なら全家庭の4分の1は生存ぎりぎりの極貧状態だった。労働者階級の中のこのような貧困層が、都市や地方にもとから存在した〝ルンペン・プロレタリアート〟の上に追加されることで、**ふくれ上がった貧困層**は社会の爆弾的存在となった。ルンペン・プロレタリアートとはマルクスが言ったドイツ語表現で、資本主義社会の最底辺に沈殿する浮浪的な貧民層のことだ。日本語

図5 貨幣と利子の理論

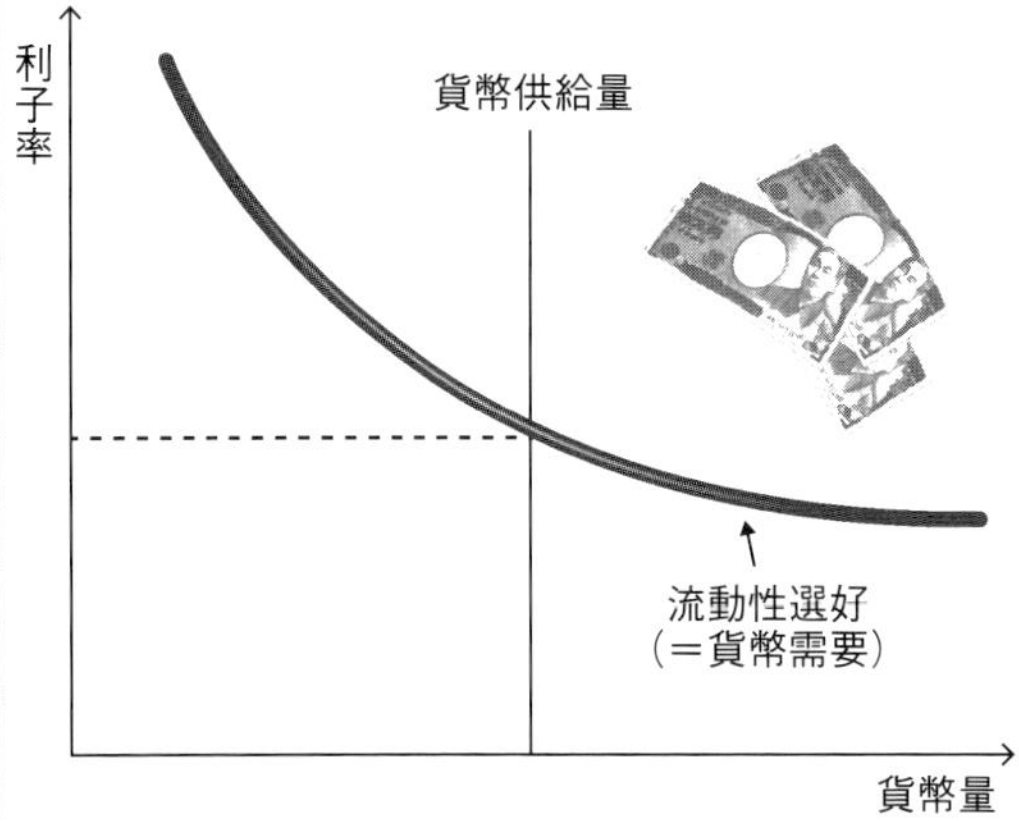

利子率
貨幣供給量
流動性選好
（＝貨幣需要）
貨幣量

⬆ケインズによれば、貨幣は債券に比べて物やサービスとの交換が容易である（流動性が高い）ため、利子率が低いときには人々は資産として貨幣を手元におく（流動性選好＝貨幣需要が高い）。他方、貨幣供給量が少ないと利子率は高くなる。そこで市場利子率は貨幣の需要と供給が一致する点に落ち着く。

図6 雇用の理論

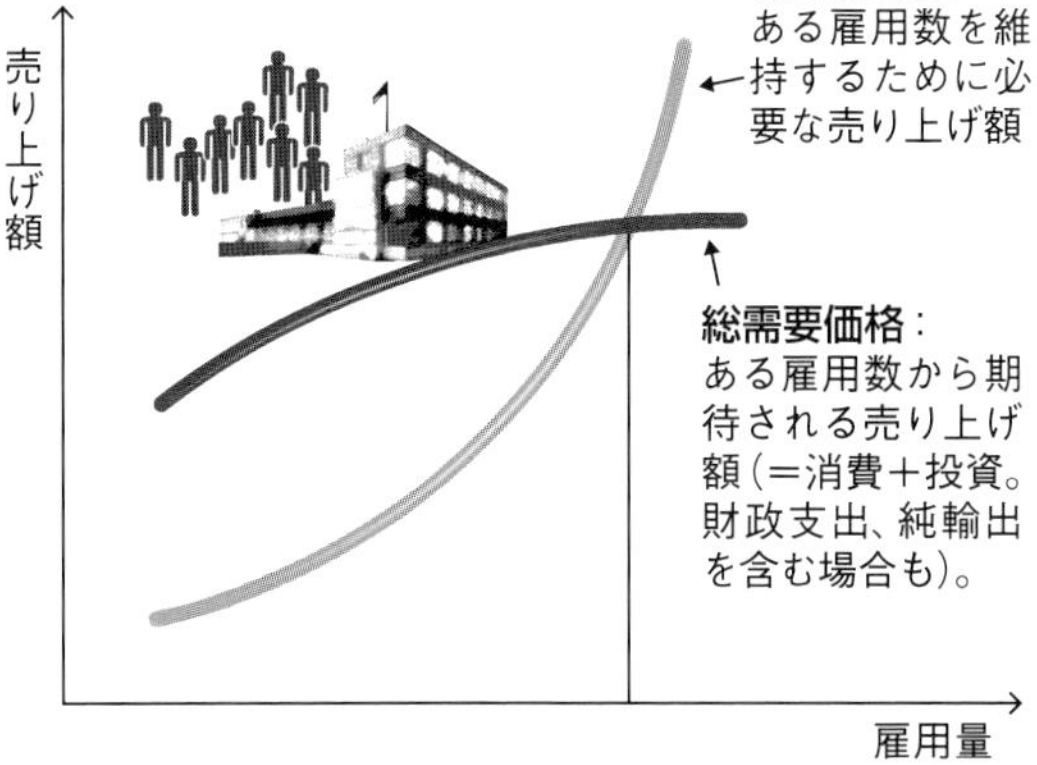

売り上げ額
総供給価格：ある雇用数を維持するために必要な売り上げ額
総需要価格：ある雇用数から期待される売り上げ額（＝消費＋投資。財政支出、純輸出を含む場合も）。
雇用量

⬆企業がどれだけの労働者を雇用するかについてケインズが示した見方。総需要価格と総供給価格が交差する点で雇用量が決定するとした。

のルンペン（ホームレス、失業者、浮浪者、乞食など）はここからきている。

そして事実、世界に革命の気配が漂い始めた。ロシアとドイツではとりわけそのおそれが強く、ケインズの国イギリスもすでに大恐慌の数年前に全国的なゼネスト（ゼネラルストライキ）を経験していた（日本は1937年に日中戦争に突入した）。

だが、ケインズがロシアとドイツで起こった〝革命の実験〟を間近に見たところでは、それらは彼の考える〝自由の探求〟などとはかけ離れていた。**共産主義者や民族主義者が独裁を求める暴力革命**だったのだ。ケインズはそこにさらに、爆発寸前の社会状況を背にして世界的大惨事の予兆を読みとった。それは、第一次世界大戦の大量殺戮（さつりく）をも上回る規模の**第二次世界大戦**の影である。

世界恐慌にチャレンジされた古典派経済学

いま見た世界恐慌をさかのぼる数十年間に、ヨーロッパは3度の不況を経験していた。1870年代以降ほぼ20年おきにだ。これらの経験から当時の**古典派経済学者**たちが導き出した最良の不況救済策はこうであった——「われわれは**最悪の状態が通り過ぎるまで耐え忍び**、自由市場の力学がおのれを修正して繁栄を取り戻すに任せるべきだ」——とにかく放っておけば不況は通り過ぎるというのだ。

これはまさに前述の「セイの法則」の変形版である。経済学者の表現をまねるなら、「自由市場はどんな場合も、貯蓄と投資が完全雇用点で交差するように利子率を調整する」というご託宣に従うべし、である。

だがケインズの『一般理論』は、古典派経済学者たちのこうした理論と処方箋（せん）を初手から批判し攻撃した。この本の第2章「古典派経済学の公準」で彼は次のように書いた。

「——古典派経済学者たちは『供給はそれ自体の需要を作り出す』と教えてきた……これは、生産費のすべてを製品購入のために支出しなくてはならないことを意味する」

つまり、貯蓄（所得のうち個人が消費しなかった分）は他の誰かが借り出して消費（投資）に回していると見ている。そのため購買力を上回る過剰生産は起こり得ず、「作ったものはすべて売れる」ことになるという。

だが世界恐慌は、経済の低迷が長引いた場合にはこの古典派理論は少しも解決策にならないことを実証してみせた。そ

豆知識 1933年、F・ルーズベルト大統領は恐慌から脱却するため、「ニューディール政策」を開始した。テネシー川流域開発（TVA）はその重要施策のひとつ。ほかに銀行規制、企業への貸付、社会保障の充実、生産物調整による農産物価格の安定などの施策を実行した。

図7⬆➡ケインズ理論の実地試験となったテネシー川流域開発（TVA）。テネシー川に20以上のダムを建設し、発電、治水、植林、土地改良などを行った。開発を担った公社は現在も流域に電力を供給している。上は1943年に完成したダグラスダム。

図8⬅1933年5月、TVA法案に署名するフランクリン・ルーズベルト大統領。写真／TVA

こで得られた答は失業者の洪水でしかなかったからだ。古典派の教義を「特殊な条件下でしか起こり得ない」として切り捨てたケインズの正しさが立証されたのだった。

すべての労働者が陥る〝マネー幻想〟

ではこうして出現した失業問題はどうすれば解消できるのか？　ケインズは、それを可能にする唯一の方法は「総需要の管理」であると述べた。

彼によると、労働者はつねに自らの実質的な購買力よりも名目賃金の方を気にする**〝マネー幻想〟**に陥っている。マネー幻想とは、通貨の価値が下がってもさして気にしないにもかかわらず、自分の賃金（名目賃金）が下がることをひどく嫌う矛盾した労働者心理のことだ。

こうした心理のため、**名目賃金が下がると人々は支出をしなくなる**。その結果、需要が停滞して経済活動が低下し続け、**〝デフレ・スパイラル〟**が起こる。いったんこの状況に陥ると企業は必要な資金を得る手段を失うため、労働者を解雇せざるを得なくなる。そのような現象が際限なく拡がったのがこのとき世界を呑み込んだ大恐慌である――

そしてケインズは、世界恐慌のような巨大な負のスパイラルを止めるには、外部（政府）からの介入以外に方法はないと結論した。それも十分に大きな介入、すなわちきわめて**大規模な公共投資が不可欠**だと言ったのだ。

ケインズ理論を試すチャンス到来？

意外なことにケインズの理論を試すチャンスはすぐにやってきた。それはおもにアメリカにおいてだ。

図９⬆ドイツ帝国銀行総裁ヤルマール・シャハト（中央）は、ヒトラー（右）政権下で経済相を務め、ケインズ理論による経済政策を進めた。写真は1936年に撮影。

写真／German Federal Archive

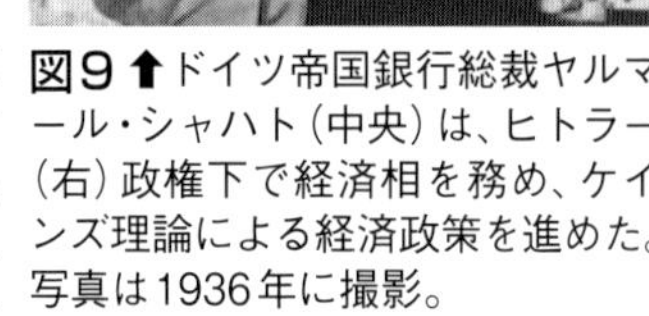

図10➡ドイツの中央銀行にあたる帝国銀行（ライヒスバンク）。1876年に設立された。

世界恐慌のさなか、時の**大統領フランクリン・ルーズベルト**（前ページ**図8**）は、緊縮財政によって政府支出を絞ることしか頭になかった。ところがそこに、緊縮財政とは真逆のアイディアであるケインズの不況脱出の手法がもち込まれた（ルーズベルトは１９３４年にケインズに会ってもいる）。そしてルーズベルトはそれを試みることにした。

彼が手をつけたのは、国中にあふれる**余剰労働力の一部を政府が雇用し、大規模な公共事業を実行する**というものだった。たとえば**テネシー川流域開発（ＴＶＡ）**などだ。これらは「**ニューディール政策**」と呼ばれた（**図7**）。

ところが、世界はまもなく第二次世界大戦に突入し、**アメリカは国中の生産力と何百万人もの労働者を動員**して、兵器生産などあらゆる戦争準備を始めねばならなくなった。戦争がとほうもないスケールの公共投資、前例のない〝大きな政府〟を強要し、アメリカは**恐慌から一転して完全雇用を実現**することになった。戦後の復興においても同じ状況はくり返され、アメリカ経済は不況とは無縁となった。そのため、ニューディール政策が世界恐慌からの脱出にどれほどの効果を示したかを確かめることもできなくなった。

戦争準備と戦後復興によってアメリカ経済はとほうもな

く活気づいたが、これをケインズ経済学の実践の成果と見てよいものかどうか――それはいまとなっても誰にも見分けることができない。

むしろ**ケインズの手法はヒトラーの率いるドイツのナチス政権によって実行**された。ケインズ自身が**ドイツ帝国銀行総裁ヤルマール・シャハト**（**図9、10**）に会ってアドバイスしたからだった。1934年から開戦までの数年間、**ドイツは完全雇用を達成**した。だがこれも戦争のゆえに起こったことであり、ケインズ理論との関係は不確かなままだ。

『一般理論』はどこが一般か

ケインズは著書『一般理論』の中で自らの主張を理路整然と展開したわけではない。記述の大半はまとまりがなく、生半可（なまはんか）なメモの寄せ集めのようだとも言われている。マルクスの『資本論』のように。しかしこれまでに多くのケインズ研究者がケインズ思想の特徴を整理しているので、それらを**左コラム**に並べた。

第二次大戦終結の翌年（1946年）、すなわち『一般理論』を書いてから10年後、この本の著者はケインズ卿（男爵）として死んだ。心臓疾患の悪化が原因であった。その死から70年余りが過ぎたいま、ケインズ経済学なるものはいまだに評価が定まらない。「ケインズ経済学は死んだ」「いや生きている」等々。批判者たちはどこが問題だと言っているのか？

最大の疑問は、世界恐慌が終息したのは各国政府が『一般理論』を経済政策に適用したからか否か

column

●ケインズ思想の特徴

（1）社会経済を大きな目で（マクロ的に）見る。つまり経済学のミクロ的な概念である消費、貯蓄、所得、支出、雇用の全体（総量）をもとに経済を評価する。

（2）所得と支出、それに雇用の総量を決める基準は「有効需要」である（有効需要＝企業の生産活動から生じる所得が支出されることによって生み出される需要。ケインズ経済学の中心概念）。

（3）経済は本質的に不安定で、好況と不況がくり返される。これが起こるのは企業の投資が気まぐれに行われるため（ケインズは“気まぐれ”の理由をくわしく論じた）。

（4）賃金と価格は構造的に下がりにくい性質をもっている（下方硬直性。これもケインズ用語）。これらが下がるデフレ現象が生じるのは大不況においてのみである。

（5）こうした理由から、雇用を増やし、価格を安定させ、経済成長を持続させるために、政府は経済に積極的に介入すべきだ。とりわけ不況時には財政支出を増やし、減税を実行し、個人消費を増やすように仕向けねばならない。さらにマネーサプライ（通貨供給）を増やし、金利を引き下げることによって投資を促進すべきである。インフレ時にはこれと逆の対策が必要になる。

である。これについてはすでに見たように多くの経済学者がほぼ否定的だ。西側諸国とりわけアメリカの**経済を蘇生**(そせい)**させたのは、第二次世界大戦と戦後の復興計画**であった。戦争や天災の後ではどっちみち〝**大きな政府**〟がつくられ、経済復興政策が乱発される（現在の世界的な〝新型コロナウイルス禍〟においても同様である）。

次の疑問は、ケインズが『一般理論』と題したとき、何が〝一般（general）〟だと言ったのかである。

ケインズ理論はしばしば〝**不況時の経済学**〟と呼ばれる。としたら、彼の理論は不況対策経済学の別名だと言っているように読める。それともこれは誤った解釈で、彼は、この理論はあらゆる経済状況に適応する「科学的原則」と言いたかったのか？ アインシュタインが自分の物理学理論に一般相対性理論と命名したように。

第二次大戦終結からまもない1948年に経済学の教科書『経済学』を書いた**ポール・サミュエルソン**（1970年ノーベル経済学賞）はこう言った。「（ケインズが）不況モデルだけを扱っていたなら、彼の見方が重大な関心を引くことはほとんどなかったはずだ」

実際ケインズは『一般理論』であらゆる問題に触れた。第18章一般理論再説では、**政府による経済の持続的管理**の必要性を説いている。彼のこの考え方は、（マネタリストを除けば）現在の大半の経済学者に受け継がれてもいる。

ケインズはこう考えていた。すなわち、彼がパイオニアたる〝**大衆心理学的**〟**な概念**――「**消費の限界性向**」「**資本の限界効率**」「**貨幣錯覚（マネー幻想）**」など――と景気循環の持続時間を考え合わせると、われわれが経験する社会経済の特徴そのものになると。

つまりわれわれの社会は、雇用と物価が極限まで振れることを怖れて、**完全雇用状態と生存ぎりぎりの最小雇用状態の中間を行ったり来たりする**というのだ。そして彼はこの本の最終章で前記の問題への方策をこう述べている――「**多少とも包括的な社会主義的投資**（投資の〝社会化〟）が、完全雇用に近い状態を確保する唯一の手段であることが明らかになるだろう」

この予言は現在の日本や西欧諸国が多かれ少なかれ実行している政策そのものじゃないのかと多くの読者が思うかもしれない。日本のある経済学者はかつて「社会主義経済がもっとも成功している国は日本である！」とも言った。

ケインズ経済学はもはや批判や議論の対象ではなく、無味無臭の空気となって人間社会（一部の例外的国家は別としてだが）を流れているということかもしれない。●

第2部

経済学の世界〔経済学派〕

経済学の世界（経済学派）・パート4

重商主義と重農主義

富める国こそ強国／農業だけが富を生む

活動した時代●16～18世紀
主要な人物●コルベール、フリードリヒ大王
主張・特徴●国力向上のため、商工業を重視・保護した。初期は国内外から金銀を得て国家の富を蓄え、後期は植民地や後進地への輸出を増大させた。

1 重商主義
国家は経済力と軍事力で対峙する

露骨な国家主義の時代

経済学をおおざっぱにでも知るには、そもそも経済学がいつどこで生まれたか、その歴史のイロハを踏まえねばならない。イロハを知っておくと以後のめんどうな経済理論は案外スムーズに理解できるようになる。

始まりは**イギリスの「重商主義」**、ついで**フランスの「重農主義」**である。

まずイギリスで生まれた重商主義だが、これはその言葉が示すように特定の経済理論ではなく、文字通り〝**商業を重視する見方**〟のことだ。英語の**マーカンタイリズム**（Mercantilism）の訳語で、商業主義と呼ぶこともある。

ただし、イギリスに限らず、16～18世紀のヨーロッパ諸国における重商主義には、**絶対権力者が生産活動や貿易を思うがままに統制していた**という意味合いがついてまわる。

マーカンタイリズムという言葉と概念は、経済学の真のパイオニアである後のアダム・スミスが著書『国富論』（パート1参照）ではじめて用いたものだ。しかし、商人を見下していた当時のイギリスの貴族階級や地主階級はこの言葉をつねに軽蔑を込めて用いた。

だが18世紀後半になると、ドイツの経済学者や歴史学者

図1⬇オランダの東インド会社が船出する様子。15世紀末以降、ヨーロッパ各国はアジアやアフリカに進出し、金銀や香辛料、茶、繊維製品などを取り引きした。スペインの画家の17世紀後半の作品。　図／Art UK

たちが重商主義をもっと前向きにとらえるようになった。彼らはこれを「**すぐれた指導者による国家建設のための思想**」と受け止め、なかには、重商主義は単なる国家建設の思想ではなく、そこには経済建設の方法論（理論）も含まれると見る者まで現れた。もっともこれは、当時の国家主義的なドイツ人が**フリードリヒ大王の統治するプロシアの下で統一されたドイツ国家の建設**を志向したためであった。

いまでは重商主義に特別の意味は存在しない。それは単に、社会経済についての近代的な考え方や理論が生まれる前の一般的な見方、というほどの概念である。

豆知識　フリードリヒ大王（フリードリヒ2世）は若い頃は父に反発し、国外逃亡を試みたが、同行した友人は斬首された。戴冠後は哲学者ヴォルテールと親交を結び、啓蒙主義的であった反面、軍備を増強し、重商主義的政策をとった。

〝目端のきく商人〟から社会経済の主役へ

西ヨーロッパでは16世紀頃（日本の戦国時代）から都市の成長が社会経済システムを変質させ始めた。古い封建社会がしだいに後退し、商業資本主義とでも呼ぶべき新しい社会経済システムが姿を現してきたのだ。これは、航海術の発展に支えられて商売を**海外交易**にまで拡大し、利益が急上昇した結果でもあった。

商取引や貿易が急成長すると、そこでは同時に通貨の役割も急拡大し、**貨幣を鋳造するための金銀の需要**が生じた。世界各地で金や銀などの貴重な鉱物が発見されると、ヨーロッパ諸国はそれらを手に入れるため地球上いたるところに大型外洋船（前ページ**図1**）を送りつけた。**大航海と植民地獲得競争の時代**に突入したのだ。アフリカやアジアから見ればヨーロッパに植民地化される悲惨な時代の到来である。

この時代、外国貿易を行った商人たちは上流階級の目には〝目端のきく商人〟にすぎなかった。だが彼らはいつのまにか現代に通じる〝資本の蓄積〟を実現し、社会経済の主役になっていった。**商人が富を蓄積すれば国家の富も成長する**——これは「国家」の概念を鮮明にさせ、国どうしが経済力と軍事力によって対峙し、しばしば戦争を引き起こすことにもなった。富める国は強く偉大な国である。これを実現するために国を富ませることが国家の一大指標となり、それは21世紀のいまにも受け継がれている。

豆知識　東インド会社は17世紀初頭、オランダ、イギリスなどで各国王の勅許のもとに設立された貿易会社。アジア（インド以東）との貿易独占権を国王から与えられ、代わりに国王に巨額の貸上げ金や税金を納めた。イギリス東インド会社は事実上インドを支配した。

重商主義の〝7つの教義〟

こうして、国を富ませるためのさまざまな方策が主張されるようになった。次の7つだ。

①金銀の保有を増やす

富の最良のものさしは金銀の保有量である。貿易で生じる利潤は相手国から金貨または銀貨で支払われるべし。

②他国より強い軍事力をもつ

世界の富は一定なので、ある国が富を増やすには他国が富を減らさねばならない。**自国の利益は他国の損失によってのみ得られ**、これを実現するには他国より強い軍事力をもたねばならない。

③輸入を増やし輸出を減らす

外国の貴重な原材料には**課税**せずに輸入を促進し、他方、国内の貴重な原材料には**高く課税して輸出を減らすべし。**これにより富が国内に蓄積しやすくなる（多様な解釈がある）。

④植民地を増やし貿易を独占する

植民地を増やし、植民地との貿易を独占し、かつ植民地が自立できないように仕向けるべし。

⑤商品は政府の管理下におく

商品の国内移動に課税してはならない。それは価格の上昇を招き経済を停滞させる。しかし商品を自由に移動させてはならず、政府の管理下でいつでも独占権や優先権を与えられるようにすべし。

⑥政府が強い監督権をもつ

政府は強い監督権をもつべし。国内における外国貿易への新規参入は制限し、農業、鉱業その他の産業は政府の管理下におき、商品の生産方法や品質は政府が規制すべし。

⑦勤勉で大きな人口を確保する

勤勉な人々からなる大きな人口を確保すべし。五体満足の人間が怠惰(たいだ)であった

豆知識 ヘンリー8世は、絶対王政を確立した16世紀前半のイギリス国王。離婚問題でカトリック教会に破門され、イギリス国教会を創始した。6度結婚。

表1 経済学誕生への時代背景

世紀	年	ヨーロッパ・アメリカ	日本
16世紀	1558	英 エリザベス1世即位(〜1603年。絶対王政全盛期)	1549 フランシスコ・ザビエル、鹿児島到着
	1567	英 グレシャム、ロンドン取引所設立	1573 室町幕府滅亡
	1581	蘭 スペインから独立	
	1588	英 スペインの無敵艦隊を撃破(アルマダの海戦)	
	1600	英 東インド会社設立	
17世紀	1602	蘭 東インド会社設立(世界初株式会社)	1601 三貨制度(金、銀、銭)の始まり
	1603	英 ジェームズ1世即位	1603 江戸幕府成立
	1620	英 メイフラワー号、アメリカ大陸上陸(北アメリカの本格的植民開始)	1639 ポルトガル船の来航禁止(鎖国確立)
	1652	海上覇権を争う英蘭戦争勃発(52〜54年、65〜67年、72〜74年)	
	1661	仏 ルイ14世の親政開始	
	1665	英 ロンドンでペスト大流行	
	1682	仏 ヴェルサイユ宮殿に宮廷移転	
	1694	英 イングランド銀行設立	
18世紀	1701	普 プロシア王国成立	18世紀初頭 江戸の推定人口100万人超(世界最大)
	1712	英 ニューコメン、大気圧蒸気機関製造	
	1720	英 南海泡沫事件(株価の急騰・暴落)	
	1723	仏 ルイ15世、親政開始	1707 富士山噴火(宝永大噴火)
	1740	普 フリードリヒ大王即位	1716 享保の改革
	1756	プロシアvsオーストリアによる7年戦争(〜63年。ヨーロッパ各国が参戦)	1732 享保の大飢饉
	1758	仏 ケネー、経済表作成	
	1773	米 ボストン茶会事件	1774『解体新書』刊行
	1775	米 独立戦争(〜83年)	
	1776	英 アダム・スミス『国富論』刊行	1787 天明の打ちこわし

⬆エリザベス1世。

⬆メイフラワー号の記念切手(1920年)。図/Gwillhickers

⬅ヨーロッパはたびたびペストの大流行に見舞われた。

⬆フリードリヒ大王。

り物乞いをしたら厳罰に処すべし（ヘンリー8世の時代には泥棒を働いた7200人が絞首刑となり、〝健康な浮浪者〟は耳を切断、浮浪者を3度やれば死刑という布令も出た）。

　こうした重商主義の教義にはいくつかの特徴が読み取れる。ひとつは、**重商主義があからさまな国家主義（ナショナリズム）の思想**であり、いまひとつは、すぐれた支配者が賢明な方法で社会を管理すべきだとの社会思想である。

　また経済学的な視点で見ると「**政府の干渉による金銀（貨幣）の蓄積**」が中心教義であり、20世紀になってケインズの指摘した問題がすでに現れている。

　しかし18世紀後半にフランスで次に見る「重農主義」が現れ、またアダム・スミスが『国富論』を著すと、国家が経済に干渉するという考え方は批判され、〝レッセフェール（自由放任主義）〟にとって代わられることになる。

2 重農主義

農業だけが国家の富を生む

重商主義で疲弊したフランス経済

　半世紀近く前、パリ郊外の**ヴェルサイユ宮殿**（61ページ**図4**）の中を筆者は地元のフランス人と歩き回っていた。そのとき見た光景はその後も長く変わることがなかった。ガイドに連れられた日本人やアメリカ人の団体が宮殿内をぞろぞろと移動していたのだ（2020年の新型コロナウイルス禍以後は人影が消えたままになるかもしれないが）。

　こうした観光客は、豪華絢爛なこの建物が昔のフランス国王の宮殿だとか、ここを軽薄な王妃マリー・アントワネット（フランス革命時にギロチンで斬首された。61ページ**図6**）が走り回っていたなどとガイドに説明されてしきりに感心する。しかし、「**この宮殿のある部屋で近代経済学が生まれた**」と聞かされた観光客はまずいないであろう。

　国王ルイ15世がフランスを支配し、この宮殿にポンパドール夫人を愛妾として囲っていた18世紀半ば、フランスの経済は荒廃しきっていた。それは、前王**ルイ14世**の時代にイギリスとの植民地戦争に敗れたフランス経済が疲弊し、さらに**財務総監（大蔵大臣）コルベールが、古い重商主義政策でフランスを困窮化**

活動した時代●18世紀
主要な人物●ケネー、テュルゴー
主張・特徴●国家の富の源泉は農業だとした。また自由な経済活動を支持し、貿易の寡占や市場の規制に反対した。

させたためであった。

当時、物品の製造を生業としていた職人たちは、あらゆる規制でがんじがらめに縛られていた。職人は同業者組織（ギルド）に加入させられて競争を禁じられ、たとえば織物工が衣服を作るときには「幅1インチあたり何針縫うべし」といった類の規則を強要された。さらに彼らは道路通行料、さまざまな税金、関税などを取り立てられた。

農民も同様で、自分の土地も生産物もすべて課税され、税額は領主や徴税人が勝手に上げることができた。穀物を

図2⬆医師フランソワ・ケネーは55歳で経済学に転向し、経済も血液循環と同じように自然法則に任せることが重要と考えた。

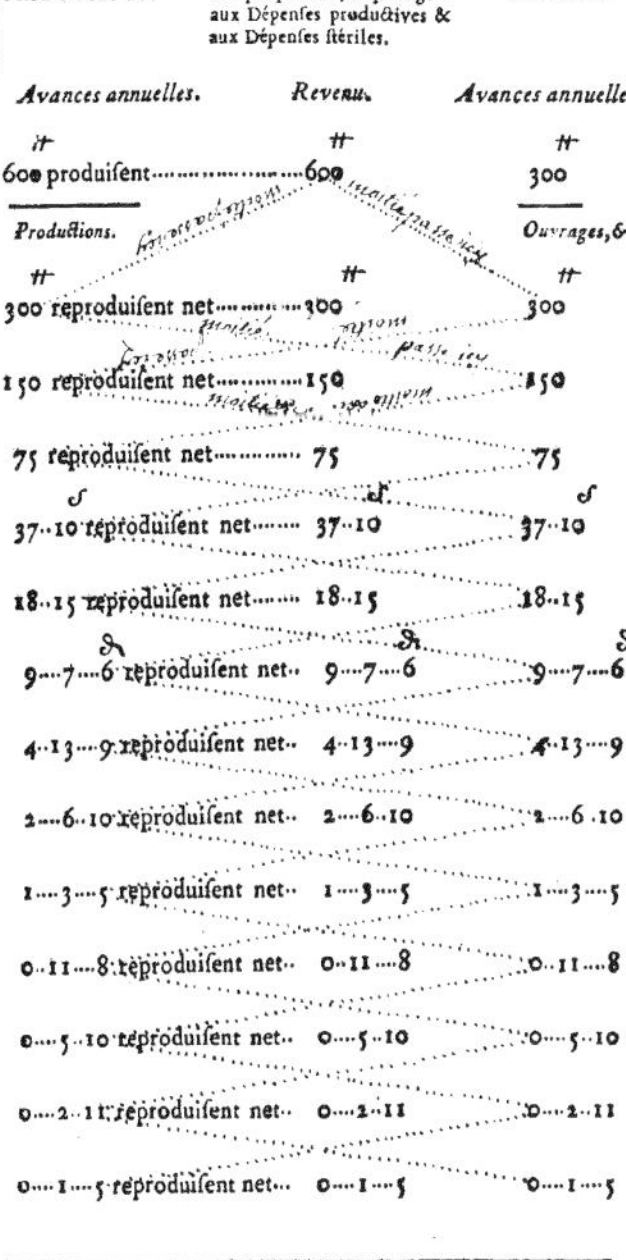

TABLEAU ŒCONOMIQUE.

DEPENSES PRODUCTIVES.	DEPENSES DU REVENU, l'Impôt prélevé, se partagent aux Dépenses productives & aux Dépenses stériles.	DEPENSES STERILES.
Avances annuelles.	Revenu.	Avances annuelles.
600 produisent	600	300
Productions.		Ouvrages, &c.
300 reproduisent net	300	300
150 reproduisent net	150	150
75 reproduisent net	75	75
37..10 reproduisent net	37..10	37..10
18..15 reproduisent net	18..15	18..15
9...7...6 reproduisent net	9...7...6	9...7...6
4..13...9 reproduisent net	4..13...9	4..13...9
2...6..10 reproduisent net	2...6..10	2...6..10
1...3...5 reproduisent net	1...3...5	1...3...5
0..11...8 reproduisent net	0..11...8	0..11...8
0...5..10 reproduisent net	0...5..10	0...5..10
0...2..11 reproduisent net	0...2..11	0...2..11
0...1...5 reproduisent net	0...1...5	0...1...5

REPRODUIT total.........600 de revenu & les frais annuels d'agriculture de 600 livres que la Terre restitue. Ainsi la réproduction est de 1200 livres.

生産階級（農業）	地主階級	不生産階級（商工業者）
年間収入600に必要な前払い金＝600	年間収入600	不生産活動に必要な前払い金＝300
純生産600	600	
純再生産300	300	300
純再生産150	150	150
純再生産75	75	75
600	600	600

図3⬆農業を富の源泉とする経済の全体像を描いた経済表。各階級間で農業生産物を取り引きすることによって、富の分配と再生産が可能になる。生産階級である農業従事者の前払い金とは、土地使用料や労働者への賃金の支払い。　資料／上・Bibliothèque nationale de France　下・D. McNally,「Political Economy and the Rise of Capitalism: A Reinterpretation」(1988)

売買して利益を得ることは厳禁され、道路工事には自分の家畜とともに駆り出され、ただで働かされた。

他方で貴族や聖職者は税金をすべて免除され、農民の畑に入りこんで狩猟遊びをするなどの勝手放題が認められていた。貴族のウズラ猟の季節には農民が自分の畑の雑草をとることを禁止する法律さえあった。

ポンパドール夫人の主治医の部屋

こうした時代に、ポンパドール夫人の主治医に取り立てられてヴェルサイユ宮殿に呼ばれたのが有名な医師**フランソワ・ケネー**（前ページ**図2**）である。彼はたちまち医師としての能力を認められ、ルイ15世の主治医にもなった。だがケネーには思いもよらない展開が待っていた。

彼が宮殿の中2階に与えられた部屋にはしばしばすぐれた学者たちが集まってきたが、その中にヴァンサン・ド・グルネという経済学者がいた。ケネーはこの人物との交流によって経済学に興味をもち、まもなく医学よりも経済学に関心を向けるようになった。

医師ケネーは社会経済を生物体に見立てた。**経済における富や商品や貨幣の流れは生物の体内を流れる血液と同じ**である。いずれも自然法則に従って運動し、社会あるいは生物体に栄養を循環させる。ゆえに**経済も自然法則として理解されなくてはならない**——

ヴェルサイユ宮殿の一室でこう考えるようになったケネーとその同調者たち、すなわち後に「**重農主義者**」と呼ばれることになる人々が引き出した結論は、「**国家の富を生み出す源は農業のみである**」というものだった。あらゆる産業の中で農業のみが、投入したコストを上回る成果（**純生産物＝剰余**）を生み出すことができる。商工業は農業生産物を加工し売買するにすぎない。したがって農業を発展させることこそが国家を豊かにする最善の方策である——

ヴェルサイユ宮殿で生まれ、アダム・スミスへ

ヴェルサイユ宮殿の一室でケネーは、ルイ15世のために「**経済表（タブロー・エコノミク）**」（**図3**）なるものを作り、資本を自由に循環させる社会システムを描いてみせた。1758年のことだ。彼はさらに、自由な市場で商品と貨幣が理想的に循環することを示した経済表の改訂版まで作った。これはいまでいうマクロ経済の視点で経済を分析する世界初の試みだった（アダム・スミスもマルクスもケインズもケネーの経済表に学んで自らの経済学を打ち立てた）。

この重農主義の思想は1774年、時の財務総監**テュルゴー**（**図5**）によって実行に移された。彼は**穀物取引を自由化**し、**ギルドを廃止**、公共工事にただで農民を駆り出すことを禁じた。そして人民の平等のために**職業選択や教育や宗教の自由**を保障し、**中央銀行**を設置し、貴族に課税した。

だが予期されたことだが、彼の政策は貴族や裁判官や聖職者などの特権階級の激しい反撃に遭った。とりわけ王妃マリー・アントワネットに直訴された国王ルイ16世――優柔不断な男――は、改革者テュルゴーを解任した。

ケネーらがこの思想に取り組んでいた時期、フランスに滞在していたイギリス人**アダム・スミス**がヴェルサイユを訪れた。彼はケネーらと会って重農主義を知り、強い感銘を受けた。帰国した**スミスはまもなく名著『国富論』を著して自由放任の経済思想を公表**したが、そこにはケネーらの影響が明らかだった。彼が自らの自由放任思想をわざわざフランス語で〝**レッセフェール（自由にさせよ）**〟と表現したのがその証拠である。

テュルゴーの解任とアダム・スミスの新思想の登場により重農主義は短い歴史を閉じた。だがケネーらは、近代経済学へのドアを開けた歴史的功績者となったのである。●

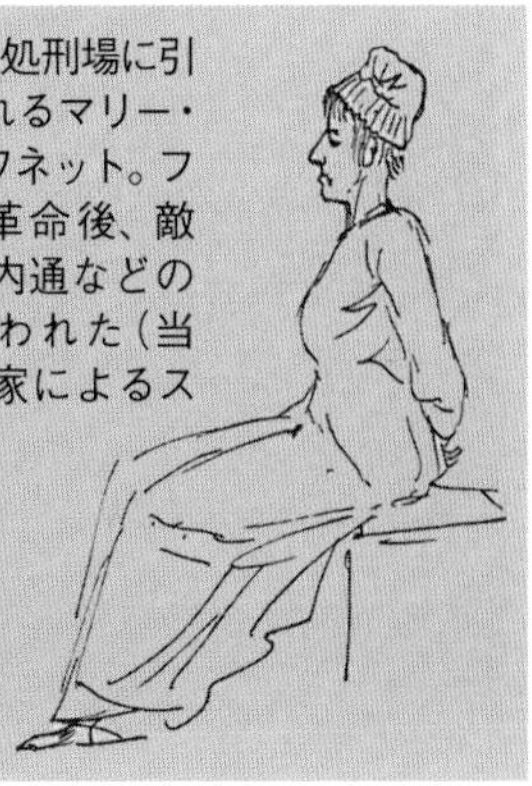

図4 ⬆ルイ15世の侍医（じい）でもあったケネーは、ヴェルサイユ宮殿内に居室をもっていた。写真は、第一次世界大戦の講和条約が結ばれた大回廊「鏡の間」。

写真／Myrabella

図5 ⬅ケネーの晩年に財務総監になったテュルゴーは、重農主義にもとづく政策を採用したが、既得権益の大きな反対に遭い、まもなく解任された。

図6 ➡処刑場に引き出されるマリー・アントワネット。フランス革命後、敵国への内通などの罪が問われた（当時の画家によるスケッチ）。

経済学の世界（経済学派）・パート5

古典派経済学
労働者を搾取する時代の経済学

「産業革命」が経済を一変させた

われわれがふだん経済理論や経済学説として目にし耳にするものは多種多様で、よほどの経済学徒でもなければ、どの理論、どの学説がいつどのようにして生まれ、何を主張しているのか容易には判別できない。そこでここでは、あらゆる近代経済学がどこからやってきたのか、その源流となった経済学に注目する。

それらはひとくくりに「**古典派経済学**」と呼ばれる。本書に出てくるほぼ**すべての経済理論は、18世紀後半〜19世紀初頭に生まれたこの経済学から派生した**。

古典派経済学の原語〝**クラシカル・エコノミクス**〟は、マルクスが著書『経済学批判』の中で用いた造語だが、この経済思想はパイオニアたる**アダム・スミス**（パート1参照）が生み出し、その後さまざまな経済学者に引き継がれ、発展し、横に逸れもした。そしてこの学派に含まれる経済学者の大半がイギリス生まれであった（例外的にフランス生まれ

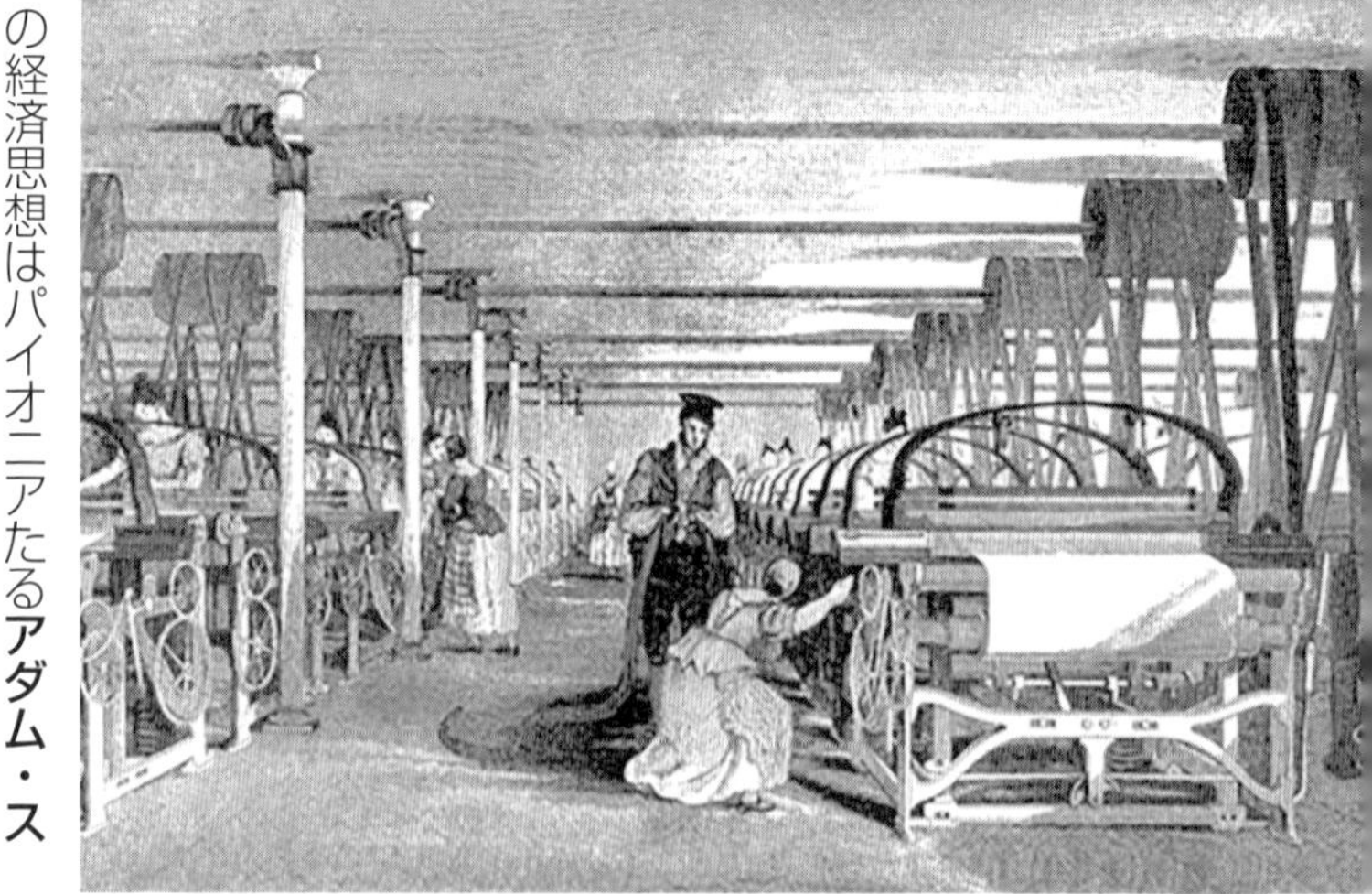

図1 ⬆1835年の織物工場。イギリスの織物工場では18世紀後半に水力や蒸気機関を動力に用いた自動織機が導入され、織物の大量生産が可能になった。

活動した時代●18世紀後半〜19世紀
主要な人物●アダム・スミス、マルサス、セイ、リカード
主張・特徴●資本主義社会では自由な競争と市場により経済が発展するとし、財産の蓄積や利潤追求を肯定した。

もいる）。なぜイギリスか？

理由は明白である。古典派経済学者たちの研究対象はおもに工業化した資本主義社会であり、そうした社会を世界で最初に実現した国がイギリス（当時はグレートブリテン）だったからだ。

イギリスでは18世紀後半に「**産業革命（工業革命）**」が始まった。その最大の転機は、1785年に紡績機械の動力として世界ではじめて**蒸気機関**（**図2**）が使用されたことだ。他のヨーロッパ諸国、つまりベルギーやフランスがこうした新技術を用いた工業化に着手したのはずっと後の19世紀になってからで、ドイツはさらに遅れた。

産業革命はとほうもないスケールで社会を変質させた。何百人もの女性や子どもが毎日長時間、手作業で働いていた織物工場が、**蒸気機関の動力によりごく少数の人々の手で稼働する時代**がやってきたのだ（図1）。こうした機械化や自動化はあらゆる産業へと拡がり、伝統的産業は激変ないし消滅し、ために**無数の労働者が失業**した。

19世紀はじめには**自動機械の〝打ち壊し（ラッダイト）運動〟**（図3）が起こるほどの社会大変動となった。このとき工場側は騒動を起こした者を銃殺し、また急いで制定された法律により先導者とされた多くの者が処刑された。

ともあれこの結果、イギリス社会には新たな階

図2⬆発明家ジェームズ・ワットが1777年に改良・製造した蒸気機関「オールド・ベス」。造幣局で貨幣鋳造のために1848年まで働いた。 写真／Geni／The Science Museum

図3⬆効率化された工場の出現で職を失った手工業者は、工場を襲撃して機械を壊した。自動織機を打ち壊すこの絵はラッダイトがもっとも激しかった1812年のもの。ナポレオン戦争およびアメリカとの戦争でイギリス経済は悪化していた。

作成／矢沢サイエンスオフィス

ジャン－バティスト・セイ
1767〜1832年
フランスの経済学者

古典的自由主義の信奉者（アダム・スミスのレッセフェールと重なる）で、個人の自由、人間の合理性、小さな政府を主張した。
主張 **セイの法則**●商品は作りさえすればすべて売れる＝供給はそれ自身の需要を生み出す。一時的な供給過剰があっても長期的には生産過剰の状態は存在しない。

デヴィッド・リカード
1772〜1823年
イギリスの経済学者

アダム・スミスの『国富論』を読んで刺激され、後に黎明期の主要経済学者のひとりとなった。
主張 **①比較生産比の理論**●各国が「比較優位」に立つ生産物をおもに輸出することで社会経済は向上する。この自由貿易論は近代経済学の基本思想となった。
②価値の理論（労働価値論）●商品の価値はその生産に要する労働力の量によって決まる。
③賃貸の理論（差額地代論）●肥沃な土地はやせた土地と同じ労力でより多くの作物を生産できるが、借り手どうしの競争によってそれだけ地代が上がるため、最終的には肥沃な土地でとれる余剰の作物は差額地代として地主に吸い取られる。

ジョン・スチュアート・ミル
1806〜1873年
イギリスの哲学者・経済思想家

功利主義、自由主義、社会民主主義の思想家であり、晩年は社会主義者を自称。著書『自由論』の中で自由について論じ、自由は個人の発展に必要不可欠とした。彼の思想は彼が名付け親となったバートランド・ラッセルなど20世紀の科学哲学者に影響を与えた。
主張 **生産と分配の法則**●富は自然法則にしたがって生産され人間の意志によって分配される。分配を公正にするため労働者は組織的運動や文化的活動を通じ、また知識向上を図って自らの福祉を増進させるべきである。

級と集団が現れた。産業を変質させた労働者の集団つまり**資本家・企業家の階級**と、仕事を失った労働者の集団つまり〝**搾取される労働者階級**〟である（後者は後にマルクスによって〝プロレタリアート〟と呼ばれることになる。それ以前にはこの語は〝近代奴隷〟と英訳されたこともあった。パート2参照）。

農民の土地を奪い、都市住民を労働者に

労働者階級の出現の前にはその序章があった。イギリスではもともと人口の大半が〝自由農民〟で、自分の土地を耕してそこそこ平穏に暮らしていた。資本家も企業家も労働者も存在せず、社会の上層をなしていたのは貴族階級と僧侶だけであった。

ところが16世紀と18世紀に耕作地の〝**囲い込み**〟という現象が起こった。地主が農民からこま切れ的な耕作地を

表1　古典派を代表する経済学者

アダム・スミス

1723～1790年
スコットランド生まれのイギリスの経済学者・哲学者

経済学の真のパイオニアとされ、著書『国富論』で知られる(くわしくはパート1参照)。

主張 **レッセフェール(自由放任主義)**●自由なさしめよ＝人々の利己的な行動は“見えざる手”に導かれて社会全体の利益を生み出す。また市場を放任すればそこには自然に秩序が生まれる。したがって市場に政府はなるべく介入すべきではない。

ジェレミー・ベンサム

1748～1832年
イギリスの哲学者・経済学者

功利主義哲学の創始者。資本主義経済で生じる矛盾を“幸福量の測定”という視点から擁護した。

主張 **快楽−苦痛の原理(功利主義)**●制度や行為が社会的に望ましいか否かは、その結果として生じる効用(有用性)によって決まるとする「功利主義」の創始者。その思想は「最大多数の最大幸福」とも表現された。

トーマス・マルサス

1766～1834年
イギリスの経済学者

資本主義を最初に論じた古典派経済学の代表的存在。

主張 **①人口の原理**●匿名で著した『人口論』では、人口は幾何級数的(2、4、8、16…)に増加し、食糧生産は算術級数的(1、2、3、4…)にしか増えないので、人口増加が社会の貧困を作り出す。これは社会制度の改良では避けられないと主張した。

②供給過剰の理論●資本家・労働者は自らの全生産物を買い戻す力はないため、市場は原理的に供給過剰となる。これを解消するには余剰の生産物をひたすら消費する階級(非生産階級)が必要となる。

奪いとってまとめ、広い農業地帯に変えたのだ。初期の囲い込みでは、地主は手にした土地をヒツジの放牧場に変え、羊毛を織物業者に売るという商売を始め、後の囲い込みでは、地主が追い立てた農民を低賃金労働者として雇うようになった。これによって**農業の生産性は高まったが、同時に新たに低賃金の貧困労働者と浮浪者の大群が出現**した。

　こうした労働者たちの生活はとほもなく悲惨であった。長時間の過酷労働、低賃金、不潔で危険な労働環境、子どもの使役、病気の蔓延(まんえん)などが社会の日常的光景となった。

　産業革命は、いま見たように農民が土地を奪われ、人口の多くが貧困労働者へと突き落とされる社会変化の中で進行した。だがこれは、旧時代が崩壊して資本主義的な工業化社会が生まれるための産みの苦しみでもあった。

この変化を同時代の知識人たちはむしろ歓迎した。彼らが残した次のような言葉がそれを象徴している。

「貧しい農民を他人のために働かざるを得ない集団に変えることでより多くの**労働力**が生まれるなら、それは国にとって望ましいことだ」「働き手の男たちは住居を追われ、職を求めて町に出ざるを得ない。だがそれによって大きな余剰が生み出され、**社会資本が蓄積**される」

「労働者は最低の賃金しか得られない」

いまの時代から見ると、こうした見方には誰もが抵抗感を抱くであろう。だが当時の経済学者、つまり歴史に名を残した古典派経済学者たち（前ページ**表1**）は、社会の底辺の人々の生活がどうなろうとさしたる関心を示さなかった。「大多数の人々が貧しい社会は繁栄もせず幸福でもない」と彼らの先達アダム・スミスが警告していたことも忘れて。

当時の経済学者は〝貧しい大多数〟をひとくくりにして、単に**賃金や労働価値（経済的価値を生み出す手段としての労働力）、および賃金と利益の関係などの視点からのみ経済を考察した**。個々人の平等性とか人権などには関心がなかった。それというのも、彼らはみな上流階級の子弟か、高度な教育を受けた者か、成功した企業家であり、労働者と直接接触することのない人々だったからだ。

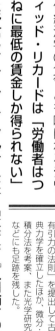

これらの経済学者たちの見方は冷酷であった。たとえばいま〝近代経済学の父〟とも呼ばれる**デヴィッド・リカードは「労働者はつねに最低の賃金しか得られない」と予言し、トーマス・マルサス**は有名な著書『**人口論**』の中で、**「貧しい人々は人口の罠（わな）にはまり、人口増加と（飢餓（きが）と病気による）人口減少を永遠にくり返すであろう」と述べている**。これは封建的な時代の話だと切り捨てたい読者もいるかもしれないが、世界を広く見れば、彼らのこうした分析はいまでも現実そのものである。

原理と法則の上に立つ新たな経済学

ともあれ、彼らのこのような手法は、少なくとも社会経済の仕組みやプロセスを理解する上ではおおいに有効であった。というのも古典派経済学は、社会経済をどう扱うべきか、その分析手法をそれ以前の重商主義や重農主義より

注1◆アイザック・ニュートン（1643〜1727年） 近代的な自然科学の基礎を築いた数学者・物理学者。「万有引力の法則」を提出して古典力学を確立したほか、微分・積分法を考案、また光学研究などにも足跡を残した。

はるかに進歩させたからだ。

ではなぜ当時の経済学者たちはそうした新しい見方に到達したのか？　そこには当時のイギリスの自然科学の影響を見てとることができる。彼らより1世紀ほど前、**アイザック・ニュートン**（**注1**）が自然科学の世界に文字通りの革命をもたらした。ニュートンは、それまでカソリック教会が唱える世界観によって〝創作〟されていた生命や宇宙の見方を、厳密な**実証主義科学へと大転換させた**。古典派経済学を生み出した人々は、経済学もニュートンと同じ手法で分析し理解すべきだと考えたのである。

古典派のパイオニアのひとり、フランス人の**ジャン‐バティスト・セイ**は、別のひとりマルサスに宛ててこう書き送った――「（彼らの先達である）アダム・スミスは富の生産と消費の現象を十分に把握してはいませんでした。しかし彼のおかげで、きわめて不確かであいまいな科学としての経済学がまもなく精密な科学に、未解明な部分の非常に少ない科学になるはずです」

これは**経済学が、自然科学のように法則と原理の上に立って実証性をもつようになるという期待**であった。マルサスの「**人口の原理**」（『人口論』）、リカードの「**労働価値説**」、前記のセイの「**セイの法則**」などだ（表1参照）。

とはいえ、彼らがみな同じ見方や方法論に立ったのではなく、依然として個人的信念にもとづいて論じる者もいた。マルサスは農業を重視して地主階級の味方をし、田舎の農業生活は都市生活より道徳的に上等だと考えていた。近年の都市生活者の田園志向を先取りしていたかのようだ。

他方でセイとリカードは農業にとりたてて共感せず、自由貿易と資本の蓄積を重視する現代の資本家・企業家的な見方を展開した。マルサスよりセイやリカードのほうが、その後の経済学の発展に直結する分析的経済学者であったといえる。つまり社会経済を（個人的信念を排して）いくつかの基本原理に立って論じようとしたのだ。

だがまもなく、〝古典派の最後の顔〟であったかもしれない**カール・マルクスが登場すると、彼は古典派経済学を根本から破壊しようとした**。マルクスはおそらく経済学史上はじめて、資本家や企業家の役割をいっきに貶（おと）しめて、人間の歴史上つねに無視されてきた「**労働者階級**」**を中心に据えた世界観を打ち立てようとした**のだ。彼の思想がその後の世界にどれほどの影響――破壊的影響も含めて――を及ぼし、いまも及ぼしているかは、別稿でやや詳しく見なくてはならない（パート2参照）。●

古典派経済学

空想的社会主義

過酷な資本主義に苦しむ人々の味方？

悲惨な労働者階級に同情した人々

人間社会のいわば〝下層〟にある人々は、この社会は不公平で、金持ちや権力者だけがいい思いをしており、庶民的労働者は豊かな生活や幸福とは一生縁がない、と思いがちである。それはいまに始まったことではなく、人類文明の歴史とともに地球上のどこにでもあり続けた信仰のようなものでもある。

とすれば、では**誰もが豊かで幸せになれる社会**を実現できる方法はないのかと考えたくなる。実際、それを考えた経済学派が存在した、ないしいまも一部存在する。彼らの思想ないし経済学は「**空想的社会主義**」という。

この言葉は英語の〝ユートピアン・ソーシャリズム〟を訳したものだ。ユートピアはよく理想郷などと訳されるが、むしろ**空想的世界**と言ったほうがよい。

この主義思想の命名者は、多くの読者が聞いたことがあるに違いない人物である。それは、マルクス主義（パート2参照）の生みの親カール・マルクスの極貧人生を終生支えた**フリードリヒ・エンゲルス**（23ページ図3）だ。ちなみに頭脳

活動した時代●18世紀後半〜19世紀前半
主要な人物●サンシモン、フーリエ、オーウェン
主張・特徴●資本主義社会で生じた労働者の貧困や劣悪な生活環境を問題視し、人道的な相互扶助社会の実現を目指した。

図1 ←↑空想的社会主義の3人の先導者。左上はフランス貴族出身のサンシモン、上はフランスのフーリエ、左はイギリスのオーウェン。

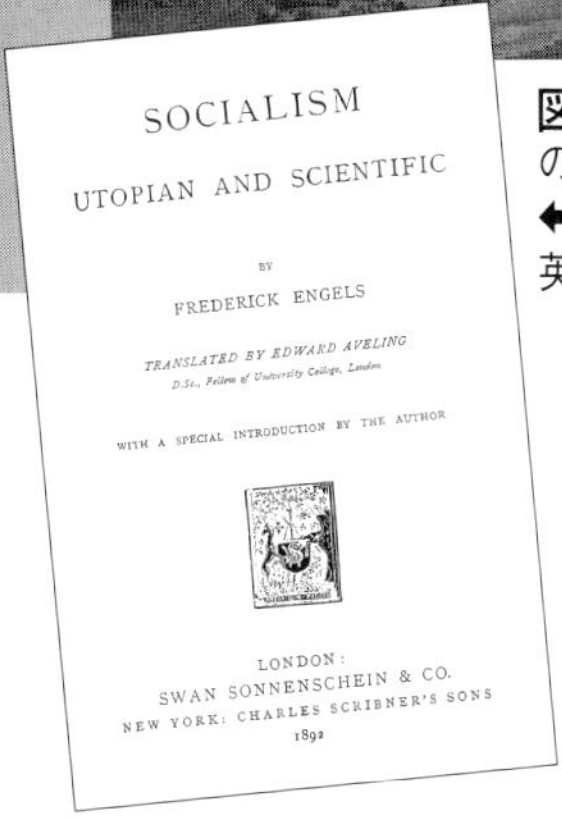

空想的社会主義

SOCIALISM

UTOPIAN AND SCIENTIFIC

BY

FREDERICK ENGELS

TRANSLATED BY EDWARD AVELING
D.Sc., Fellow of University College, London

WITH A SPECIAL INTRODUCTION BY THE AUTHOR

LONDON:
SWAN SONNENSCHEIN & CO.
NEW YORK: CHARLES SCRIBNER'S SONS
1892

図2⬆フーリエは、数百〜2000人ほどで生産地を共有し、自給自足の生活を送る"農業共同組合（ファランジュ）"（上図）を提唱した。
⬅エンゲルスが空想的社会主義を批判した冊子『空想から科学へ』の英語版。
資料（上）／Soc 860.05, Houghton Library, Harvard University

鋭敏で20カ国語を理解したという彼は、「アラビア語など2週間で習得でき、児戯（じぎ）に等しい」とのたもうたという。そして、父親に紡績工場の後継ぎを強要され続けたエンゲルスは、そうした仕事や経営を嫌悪していた。

彼は1880年にフランス語で発行した冊子の表紙に「**社会主義：ユートピアから科学へ**」と書いた（邦訳『**空想から科学へ**』）。邦訳の訳者がユートピアを夢想社会だの理想社会だのと訳さなかったのは適切である。

このときエンゲルスがやり玉にあげた**ユートピアは、当時生まれてまもない資本主義を批判し、反対運動を展開していた思想家たちが提唱した初期の社会主義**を指していた。それは〝豊穣（ほうじょう）で調和のとれた理想社会〟という文字通りのユートピアで、まさに空想の産物であった。現実の人間社会にそんな空疎（くうそ）な主義や思想が通用するだろうか。

ところがである。そこには高名な3人が加わっていた。フランスの哲学者で貴族の**アンリ・ド・サンシモン**、同じくフラ

豆知識 『空想から科学へ』は、エンゲルスの著書『反デューリング論』の抜粋。マルクスの娘婿にあたるフランスのポール・ラファルグが翻訳・出版。1892年までに10カ国の言語で出版された。英語版は10番目。

図3➡国家社会主義者の北一輝（右）は、私有財産の廃止や国家による生産管理を訴えた。他方、クロポトキン（左）やバクーニン（中）は無政府主義者であり、国家もプロレタリア独裁も否定した。

社会でも採用されている。たとえば社会保障制度、郵便制度、アメリカでルーズベルトが実行したTVA（テネシー渓谷開発公社。49ページ図7、8参照）などはみな国家管理経済である。

20世紀前半には日本でも**北一輝**（きたいっき）（**図3右**）のような国家社会主義者が現れたが、彼は**二・二六事件**（1936年）の思想的黒幕として逮捕され、銃殺刑に処せられた。

3 無政府主義（アナーキズム）

「どんな政府もその性質は強圧的となるのであり、したがって**政府と私有財産は完全に廃止すべきだ**」

19世紀半ばのフランスの**プルードン**、ロシアの**クロポトキン**、**バクーニン**ら（**図3左、中**）はこのように政府を廃止せよと主張した。世界のどこであれ**政府はつねに富裕層と知識層の側に立ち、貧困層に敵対する性質をもつ**。したがって社会革命のやり方は直接統治でも単純統治でもなく“**非統治（無政府）**”でなくてはならない――これが無政府主義である。

彼らの主張は「相互理解と協力と完全なる自由」という一見して理解困難なものであり、政府をはじめあらゆる支配階層を全否定する。これが目指す社会は空想的社会主義に似るが、共産主義の主張する暴力革命は目指さないので、テロリズムや一揆主義に走りやすい。

ンスの**シャルル・フーリエ**、それにイギリスの織維工場経営者**ロバート・オーウェン**である（**図1**）。

映画『イージーライダー』の出どころ？

この3人はまったく同質の経済思想を主張したわけではないが、**イギリスの産業革命やフランス革命の後に生じた経済混乱をいかに鎮静化するか**を考え、こうした経済学にたどり着いた点は共通している。彼らの思想を継ぐ者たちは順に「サンシモニアン」「フーリエリスト」「オーウェナイト」と呼ばれた。黒田某なる者の理論の信奉者を黒田主義者と呼ぶようなものだ。

このうちフーリエの主張は、常識人なら聞いてはいられない。人間はそれぞれの地域に1600人ほどの〝農業協同組合〟をつくって集団で生産や日常生活のすべてを行い、たがいに自由に性愛を交わして云々かんぬん……これは1960年代末のハリウッド映画『イージーライダー』に出てくる当時の若者のコンミューンを予言したような社会の提案だ。時代的に見て映画のほうがフーリエをまねたのだろうが、これがユートピア的社会

空想的社会主義

column 理想社会を追う者たち

1 空想的社会主義

この思想の先導者であるアンリ・ド・サンシモン（本文参照）らはまず、**市場経済は不当かつ不合理**だと主張した。そこで社会における物事の“完全なる配置”を実現した理想社会を考えて世間に訴えた。あるときは「50人の**科学者や技師、勤労者、商人、職工などが死ねば取り返しがつかない**が、50人の王族や大臣や高位の僧侶がいなくなってもすぐに穴を埋められる」と公言し逮捕された（無罪を主張して釈放されたが）。サンシモンは、**テクノクラートすなわち“生産を推し進める階級”の出現**の預言者でもあった。

彼は貴族の肩書きを返上してまで社会主義運動を行ったが、国内ではほとんど相手にされず、困窮して頭にピストルを7発も撃った。だがなぜか片目を失っただけで死に切れなかった。カール・マルクスがサンシモンの著作を読んで強い影響を受けたのは、その死から数十年後である。

前述のようにシャルル・フーリエ、イギリスのロバート・オーウェンらも類似の思想を主張し、フランス皇帝ナポレオン3世はサンシモン信奉者だったとされている。

2 国家社会主義

これはフランスの**ルイ・ブラン**らに始まる国家主導による社会改良思想で、革命と国家消滅を予言するマルクス主義とは真っ向から対立する。ブランは、①**国家は人民に職業を保障する義務がある、②産業競争は廃止すべきだ**、などとして**国営工場**の設置を主張した。

彼はフランス2月革命後には政府の要職に就いて国営工場を作ったものの失敗したが、「各人が自らの才能に応じて生産し、必要に応じて消費する」という見方は共産主義者が共鳴するところともなった。

実際、ロシア革命後の**ソ連（ソヴィエト連邦）は全産業を国営化**し、ブランの思想を実践した。だが国家社会主義は資本主義主義だという。惑星には魂があるとも言った。興味のある人は彼の本を読み（邦訳もある）、映画を観てはどうだろうか。

なぜ社会主義に行きつくのか？

こうした見方や思想が生まれた背景は明らかである。それは、**不公平や貧富や混乱がついてまわる人間社会に疑問を抱き、〝理想的な社会〟は別のところにあると考える人々**がつねに存在することだ。そうした人々が考え抜いて行きつく先が社会主義的世界である。実際、18〜20世紀はじめにかけてヨーロッパではさまざまな社会主義的思想が現れたが、どれも**資本主義へのアンチテーゼ**であった。

現在のヨーロッパやアメリカや日本を見ると、他の地域の国々に比べて経済が総じてはるかに大きくかつ先進的である。なぜそうなったか。社会主義者や共産主義者の言葉を借りるなら、「**資本主義による〝富の収奪と蓄積〟**」が行われたからだ。資本家が企業活動によって労働者を搾取（さくしゅ）し、利潤を際限なく追求する社会構造がうまく機能した結果として、社会に巨大な富が蓄積され、近代的資本主義社会が形成された――というのだ。

これはたしかに、古典派経済学の基本原理である〝**レッセフェール（自由放任主義）**〟の見事な成果であろう。だがその中身を誰かがのぞいたとき、そこには**恐ろしい矛盾**が満ちていた。世界の資本主義を先導したイギリスがよい例だ。イギリスでは18世紀末から「産業革命」が始まり、農業や手工業に支えられた昔ながらの経済が瓦解（がかい）し、大きな工場がこれにとって代わった。失業した無数の手工業者はこれらの工場に雇われ、その周辺に拡がったスラムで悲惨な生活を余儀なくされた。

工場の賃金労働者には〝権利〟なるものは何もなかった。過酷な労働環境で病気になろうが事故死しようが、あるいはクビになろうが、本人にも家族にもいっさい保障はなく、労働組合は違法であった。

こうして**資本主義が成長すると、反比例して労働者階級の貧困がイギリス全土に拡がった**。古典派の経済学者たちは「経済への政府の介入は最小限にすべし（＝小さい政府）」と主張したが、その結果がこれだった。

▼豆知識　1949年に出版されたオーウェルの「1984」は、ビッグブラザーなる絶対的指導者による徹底した管理・監視社会を描いた作品。

どんな社会主義も自由放任を否定する

いま見たような露骨な資本主義が支配する社会では、遅かれ早かれ社会主義が志向されるのは必然だった。前ページ**コラム**に見るようなさまざまな類似思想が次々と姿を現した。

その後、こうした考え方からさらに多様な社会主義思想が出現した。マルクス主義、共産主義、フェビアン社会主義（イギリス労働党の思想でケインズも深く関与）、サンディカリズム（**注1**）、ギルド社会主義などだ。これらすべてにはひとつの共通の視点と方向性がある。それは、**自由放任の古典派経済学は労働者を虐（しいた）げるものであり、したがって個人のもつ資産や経済活動は国家や公的集団によって所有され管理されるべきだ**とする点である。

しかし、こうした思想が絶対的権力のツールとなって国家社会を支配するようになったら、どんな世界が出現するのか？　ジョージ・オーウェルの未来小説「１９８４（邦訳**『一九八四年』**）」**は、21世紀のいま実在する社会主義・共産主義国家の現実を予言**していたのではないのか？●

注1◆サンディカリズム　労働組合主義と訳される。労働組合を通じて生産と消費を直結する社会を目指した。議会政治を否定し、労働者のストライキなど直接行動を奨励する急進的社会主義の一形態。ギルド社会主義はこの活動に影響を受けた一派で、産業別に結成した労働組合（ギルド）が生産を調節し、生産物を流通すべきと主張した。

経済学の世界（経済学派）・パート7

ドイツ歴史学派

自国の繁栄と栄光のための経済学

誰のための経済学であるべきか？

経済学に万国共通の普遍性を求めることは正しいのか？いいかえるなら経済思想は人類繁栄のための思想であるべきか、それとも他国は知らず自国さえ繁栄すればいいと考えるべきか？ここで注目するのは後者の話で、その名は「歴史学派」という。

この経済理論はまさしく〝**ドイツで生まれたドイツのための経済学**〟なので、正しくは「**ドイツ歴史学派**」と呼ぶ。そこで、もしこの経済学がドイツにとって有効なら、他国が同じ流儀を取り込んだときに何が起こるのか？

歴史学派の経済学者たち――19世紀前半のドイツの社会背景から生まれた――は、誰のためかわからないそれまでの抽象的な経済理論は無意味と考え、ドイツ自身の発展に貢献することのみを目指した経済学を考え出した。

こう聞くと偏狭（へんきょう）なナショナリズム経済学の話かと思う人がいるかもしれない。だが本書のテーマである「経済学は何のために誰のためか」を考えるときには、歴史学派の議論や主張は興味深いだけではなく、きわめて意義深い。この経済学と他の普遍性

活動した時代● 19世紀半ば～20世紀前半
主要な人物●リスト、シュモラー
主張・特徴●産業や社会の発展段階は国ごとに異なるので、政府はそれに合わせた経済政策を積極的に実施すべきとした。後に国家主義的思想が加わった。

図1 ←↑上から歴史学派の創始者リスト、ナチスの強力な国家主義を支持したゾンバルト、富国強兵の思想を説いたシュモラー。

を求める経済学を比較することで、経済現象の本質を客観視できるからだ。

ドイツはヨーロッパ中世以来たえず**国家の分裂**に苦しんでいた。とりわけナポレオン戦争が大打撃となった。ナポレオンがフランス革命の大義を周辺国の干渉から守ろうとして始めたつもりの戦争が、いつのまにか周辺国への侵略戦争へと変質していたからだ。**プロイセン（英語名プロシア）**を中核としたドイツは19世紀半ばまでには一応整理されたが、それでも**39もの小国や都市**（大半が非民主的な君主国）に分かれていた（**図2**）。

周辺国はドイツのこうした分裂状態をたえず自国の国益のために利用しようと画策した。イギリスは分裂したドイツの中でもっとも強力なプロシアにドイツ全土を統治させ、それによってフランスのヨーロッパ大陸支配を妨げようとし、オーストリアはドイツを弱体のままにしておくために分裂状態の維持を企んだ。またロシアはドイツとオーストリアの手が届かないポーランド東部を手に入れようとしていた。この不安定な状況の中でドイツ国内にはしだいにフラストレーションが蓄積し、統一を求める国家主義的な空気が醸成（じょうせい）された。

この頃ヨーロッパ大陸からわずかに海を隔（へだ）てたイギリスは、すでに世界に先駆けて**産業革命**（この不適切な日本語訳は誰によるものか？ 英語の本来の意味は「**工業革命**」）を経験していた。その結果、**資本主義**が成長し、イギリスで生まれた自由主義的な「古典派経済学」（パート5参照）が受け入れられていた。

先進国イギリスと後進国ドイツ

しかし、当時のヨーロッパ後進国であったドイツではいまだに古い「**重商主義**」（パート4参照）がまかり通っていた。つまり自由競争はご法度（はっと）とされ、諸外国との間では保護貿易が徹底していた。イギリス流の自由主義経済は毫（ごう）も受けつけない社会だったのだ。

こうした時代背景から必然のごとく現れたのが、後に歴史学派と呼ばれる経済学者たちである。その始祖とも呼ぶべき人物は、独学で経済を学び、アメリカに追放され、数奇な人生を送って最後は自殺を遂げる**フリードリヒ・リスト**（1789〜1846年。前ページ**図1上**）である。

リストは、別章でややくわしく述べたイギリスのアダム・スミスに始まる**古典派経済学は産業先進国のもの**であり、後進国ドイツには適さないと主張した。リスト一派の経済

豆知識　17世紀頃、神聖ローマ帝国の支配下にあったドイツ諸侯が次々に独立し、ドイツは19世紀半ばまで群雄割拠の時代になった。

学者たちは、**国内の新しく未熟な産業を保護するため輸入には高い保護関税をかけ、他方で農業のような古い産業は自由競争によって価格を引き下げ、安い食料や原材料を国民に供給すべきだ**と主張した。つまり**経済政策はその国の産業の発展段階に合わせなくてはならない**というのである。

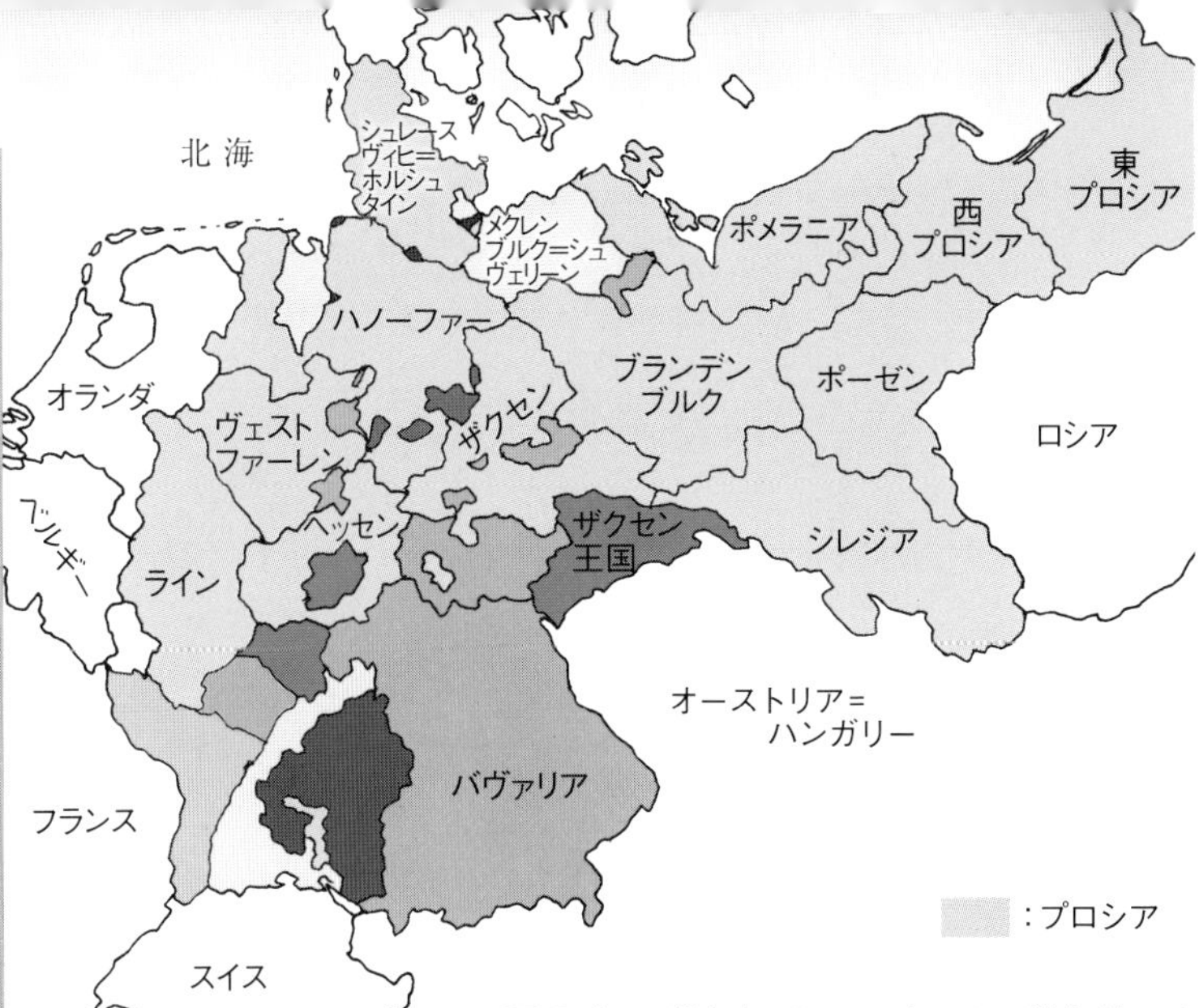

図2⬆19世紀初頭のナポレオン戦争後、ドイツ諸国は経済的・社会的結びつきを深め、1871年にプロシアが中心になってドイツを統一、「ドイツ帝国」となった。資料／Alexander Ganse (2000)　作図／矢沢サイエンスオフィス

リストらのいう産業の発展は5段階に分けられた。第1段階が未開社会、第2は牧畜社会、第3は農業社会、第4は農工業社会、第5が農工商業社会である（当時のドイツは工業化の最初期、つまり第4段階と見られた）。

そして、その国の国民がどの段階にあるかによって国家が果たすべき役割は異なるのであり、すべての**国家の使命は弱小の国民を強力な国民へと成長させること**だという。

彼らは、ドイツは〝万民の経済学〟を志向するイギリスの古典派経済学の見方に追随（ついずい）してはならないと主張した。

社会改革案からピストル自殺まで

リストは1817年にチュービンゲン大学教授となったが、そこで当時としては非常に急進的な社会改革案——**有料道路、産業の国有化、封建領主への課税、裁判の陪審制度、役人の削減**等々——を主張し、政府に睨（にら）まれた。結局彼は大学を解雇されただけでなく、大逆罪で10カ月間投獄されて重労働を課せられ、さらにはアメリカに移住するという条件でドイツから追放された。

結局彼は1825年から7年間アメリカで、農業、新聞記者、石炭採掘などに従事して生き延びた。ところが彼の経済思想が当時のアメリカで注目されるようになり、アメリカの経済学界に「**アメリカ制度学派**」（パート8参照）なる新しい経済学を生み出すほどの波及効果を及ぼすことになった。

ドイツに戻ったリストは活動を再開し、またもドイツ全土に拡がる鉄道網の建設、郵便制度や特許法の新設などを主張して回った。しかしドイツ政府は依然として彼に耳を貸そうとはしなかった。失意と生活苦と病気に苦しみ続けたリストは1846年、**自らの頭部に向けてピストルを発射し、悲劇的最期を遂げる**ことになった。

だが皮肉なことにその死後、リストが主張し続けた経済政策はどれもドイツ国内で実現したばかりか、国境を越えて世界に拡がっていったのである。

ドイツ歴史学派の4つの基本理念

こうしてリストは死んだが、彼に続いた歴史学派はリストの思想を発展させ、経済学に多大な貢献を残すことになる。歴史学派の基本思想は以下のようなものだ。

第1に、**社会はダーウィンの進化論によって理解される**。つまり社会は1個の生物に似ており、それは生まれ、成長し、崩壊して死んでいく。したがって経済学は社会の発展段階に適合していなくてはならない。

第2に、古典派経済学は不特定個人の経済学だが、**歴史学派が重視するのは個人ではなく社会**である。社会が中心である以上、**政府は経済に深く介入すべき**だ。

第3に、経済はその社会の歴史的な一部であるから、**経済は歴史的に見なくてはならない**。経済を抽象化する古典派経済学は非歴史的で、静的かつ非現実的である。

そして第4に、経済学は経済現象の動機を単に分析するのではなく、その倫理的重要性を天秤にかけねばならない。それは**労働者の健康と生活と効率を守りつつ、国家への忠誠心を高めるもの**でなくてはならない――

富国強兵へ、そして明治時代の日本へ

こうした歴史学派の経済思想は説得力をもつものであった。ところが、その後に現れたベルリン大学の経済学者**グスタフ・シュモラー**（73ページ**図1下**）は、歴史学派の思想をたちまち**国家主義思想**へと変貌（へんぼう）させた。

彼は政府と学界に対して強大な影響力を行使し、単なる理論的経済学ではなく、歴史的事実の蓄積の上に立つ政治的手段を構築することこそが重要だと力説した。そして、

図３⬆明治時代の東京。西欧風建築が建ち並び、鉄道馬車が走っていた。これは３代目歌川広重の錦絵。

豆知識　「富国強兵」は欧米列強のアジア進出に対抗するための明治政府のスローガン。海外の技術を取り入れて産業の近代化を図るとともに軍事力を増強した。

この方針に従わない経済学者はドイツの大学で教鞭をとってはならないとまで宣言した。シュモラーの一派が〝**新歴史学派**〟と呼ばれるのはこのゆえだ。

ドイツは彼の影響下でたちまち**富国強兵**へと突き進み、その思想はヨーロッパ全域へ、そしてアメリカにも拡がった。さらに明治時代の日本にもシュモラーの思想が到達し、日本は富国強兵へ突き進んだ。彼の聴講生であった**金井延（図４）が強い影響を受け、明治政府に日露戦争開戦を迫り**、事実そうなった。金井は強硬な主戦論者だった。

図４⬅金井延はドイツに留学し、シュモラーなどに経済学を学んだ。1903年、他の学者６人とともに政府にロシアとの開戦を迫る意見書を提出した。東京帝国大学の初代経済学部長。資料／河合栄治郎著『明治思想史の一断面』

1917年にシュモラーが死ぬとドイツ歴史学派も消滅したとされている。だがそれは経済理論の話であり、実際にはその思想と方法論は同じベルリン大学の**ヴェルナー・ゾンバルト**（73ページ**図1右**）によって徹底的な国家主義に塗り替えられた。

ゾンバルトは当時急速に台頭してきたアドルフ・ヒトラーのナチズムを全面支持し（日本で広く知られる哲学者ハイデッガーもこれに加わった）、これこそが資本主義の腐敗に打ち克つ新しくダイナミックな哲学だと主張した。**ゾンバルトはナチスの人種差別と極端な国家主義を賛美**し、こう述べた――「われわれが目指すものはただひとつ、ドイツである。ドイツの偉大さと力と栄光のためなら、われわれはどんな理論もどんな理念も喜んで犠牲にする」

ちなみに、ロンドンから歴史学派の台頭を見ていたカール・マルクスは、「まったく浅はかな連中の産物だ」と書き残していた。

ともあれドイツ歴史学派の親フリードリヒ・リストの革新的経済学は彼の死後に現実化したが、シュモラーとゾンバルトの名前と足跡は人名辞典の中に小さな活字で残るのみである。●

経済学の世界（経済学派）・パート8

アメリカ制度学派

貧しい者は社会主義的経済を目指す？

半年で50万部売れたガルブレイス本の謎

1970年代以降、大型書店に行くとたびたび〝ガルブレイスの経済本〟が山と積まれている光景を目にした。この著者は、経済に多少とも関心をもつ者にはとうにおなじみの、アメリカの経済学者**ジョン・ケネス・ガルブレイス**（**図1**）である。

とにかく50冊の著書と1000本の論文を書き、20世紀の世界でもっとも多くの人々に読まれたというのだから、読者数では桁外れの経済学者である。日本では彼の『**不確実性の時代**（「The Age of Uncertainty」）』（**図2**）の訳書だけで半年間に50万部売れたという。

だがガルブレイスは、いわゆる主流派（新古典派経済学

図1⬇アメリカの駐インド大使も務めたガルブレイス（右）と初代インド首相ネルー。写真は1962年、中国・インド国境紛争の解決に向けて2人が会談した際に撮影された。　写真／USIS

アメリカ制度学派

やケインズ経済学、また日本で言う近代経済学などの学派）からはよく言われず、頻繁に批判もされた。なぜか？　世界でもっとも多くの大ベストセラー経済本を書き、ケネディ大統領やジョンソン大統領などアメリカ政治の最高権力者たちと親しく（後にはクリントン大統領とも）、駐インド大使を務め、アメリカ経済学会会長を務め、世界一長身の経済学者で、どこに行っても人々を高みから見下ろしていたからか？　そんな世俗的理由だけでは説明できない。他の経済学者たちから批判され続けたおもな理由は、ガルブレイスが経済学に数学を用いず、平易な記述で語り続けたことにあった。

　ガルブレイスは、20世紀後半の多くの経済学者にとって多かれ少なかれ常識化していた数学的ツールから完全に距離をおいていた。

図2⬆“一流の小説家”とも揶揄されたガルブレイスの『不確実性の時代』。

彼は、数学を使えば経済学が科学に近づくと信じている人々にはまったく同調しなかったのだ。たしかに数学というミクロ経済学のツールによって、巨視的な経済学に信憑性が生まれるわけではない。

　これと同列の批判として、彼の議論が実証研究を軽視しているとするものもあった。ガルブレイスはとにかく文章を書く能力に著しく秀でており、そのため彼を〝一流の小説家〟と揶揄する者もいた。批判が何であれ、ともかくガルブレイスは、過去の**経済理論の多くが現実社会を反映できていない**ことをくり返し指摘し、同業者に煙たがられたのだ。

活動した時代●19世紀末～
主要な人物●ヴェブレン、ガルブレイス
主張・特徴●経済の自由放任主義は社会に構造的矛盾を生み出すので、政府が社会制度を管理・改革し、矛盾を正す必要がある。

「自由放任」を激しく攻撃

　ガルブレイスの経済学は、元をたどると「**アメリカ制度学派**」である。ここでいう〝制度〟とは文字通り、**有形無形の社会制度や慣例（社会構造：institutions）**のことだ。国家、企業、通貨、財産、家族、エトセトラ。

　制度学派はもともと、アメリカにおけるこれらの社会制度の起源や歴史が経済に与えている影響を分析し、経済を向上させるにはそれらをどう変革すべきかまで議論した。彼らは「**社会構造を無視した古典派経済学を厳しく批判し、**

経済における制度や慣例の役割を重視する」ところから出発した。

この初期のアメリカ制度学派もその起源はドイツにまでさかのぼる。19世紀のドイツには「ドイツ歴史学派」と呼ばれる経済学派があった（パート7参照）。彼らは、イギリス流の抽象的で具体性に欠ける古典派経済学はドイツ社会では役に立たないとして、〝ドイツのための経済学〟を構築した。だがそれは、ドイツの歴史や社会の特性を踏まえて構築されたため必然的にナショナリズムの色彩を帯び、20世紀にはアドルフ・ヒトラーに率いられたナチズムの思想的柱ともなった。

とはいえ、他国は知らず**自国の歴史や特殊性を重視するこの経済思想の具体性には強い説得力があり**、そのため他国の経済学にも影響を及ぼした。とりわけ19世紀末のアメリカの経済学者の強い共感を呼び、そこからアメリカ制度学派が派生したのだ。

貧しい移民の子は社会制度重視？

アメリカでこの経済思想を引き継いだのは、英語をまったく解さない貧しいノルウェー移民の子で、名を**トーステン・ヴェブレン**（**図3**）という。アメリカではソーステンと発音された。19世紀半ばのことだ。

ヴェブレンは子供時代から輝くばかりの知性を発揮し、当時のアメリカ社会のあらゆる誤謬（ごびゅう）を批判した。後に彼はシカゴ大学の経済学者となったが、女子学生に性的不謹慎――いまでいうセクハラ――をはたらいて追放され、また離婚や下手（へた）な教授法などが災（わざわ）いして、いくつもの大学を渡り歩く人生となった。結局彼は助教授以上にはなれず、最後は昔の学生の世話になり、**世界大恐慌**のきっかけとなった1929年の〝**ブラックサーズデー**〟（**株価大暴落**）の直前、孤独のうちに世を去った。

だが活動期のヴェブレンは、**人間の生物学的本能や習性が行動を引き起こす**ことを見抜き、時代に先んじるさまざまな概念や言葉を考え出した。たとえば〝**誇示的消費（見せびらかしの消費）**〟とか〝**有閑階級**〟とかだ。他人に裕福だと見られたいがための消費行動とか、ヒマを見せびら

図3 ⬆制度学派を創始したヴェブレン。"誇示的消費"や"有閑階級"など人間の習性や特性を象徴する概念も提唱した。

豆知識 1929年10月24日（木）、ニューヨーク株式取引所で株価が大暴落した。このブラックサーズデー（暗黒の木曜日）をきっかけにアメリカ経済は急速に悪化、アメリカに依存していた世界経済にも波及した。恐慌の背景に第一次世界大戦後の好景気による過剰投資、各国の保護貿易主義などがあると見られる。

かせたい有閑マダムとか、いまでもめずらしくないタイプの人々の見事な形容表現だ。

経済学者としての彼はとりわけ、当時の経済学の主流であった（古典派の流れを汲む）新古典派（パート10参照）を激しく批判し、それによってアメリカ制度学派の誕生を導いた。

アメリカでは、南北戦争（1861年から4年間。**図4**）から第一次世界大戦までの間に資本主義の大発展があり、これによって世界最大最強の産業経済システムが形成された。しかしよく見ると、ひとりひとりの労働者の生活は悲惨であった。長時間労働、粗末な住居、病気の蔓延（まんえん）、大量の失業者の群れ、放置された高齢者——

アメリカ制度学派

図4 ⬆19世紀半ば、商工業がさかんなアメリカ北部と農業中心の南部の間で対立が激化、南北戦争に発展した。これは戦争後期の戦闘の様子。

資料／U.S. Army Center of Military History

このような**国家の急成長と取り残された労働者**という矛盾した社会構造を生み出した最大の要因は、1870年代に始まった産業の寡占（かせん）や独占、すなわち**独占企業の出現**にあった。これは、古典派経済学の主張する「自由放任」と社会に干渉しない「小さな政府」の必然の結果であった。

そのため、「**政府による構造改革や制度管理が不可欠**」とする主張があらゆる階層から噴出した。人々は、少数企業による産業の独占を禁ずる独占禁止法の制定を要求した。こうした時代背景が、ヴェブレンらの新しい経済学、つまり制度学派を後押ししたのだった。

社会はつねに〝進化〟すべきか

ヴェブレンの跡を継いだ制度学派はこの議論を拡大させ、こう主張した。まず「**経済学は個々の現象を取り出して論じるのではなく、社会構造との関連で考えねばならない。**経済はその社会の政治形態、思想信条、法律、習慣、伝統などとの相関の上に生じているからだ」

たとえば社会構造は人間の集団行動のあり方を決める。企業や労働組合、学校、政府機関などの集団が存在するとき、その構成員はみなそこから受ける共通利益のために行動する。労働者は自分が働く会社が儲(もう)かれば賃金が上がると信じ、その会社のために必死に働く。その結果、会社の経営者は労働者を最低賃金で酷使し、より大きな利潤を上げようとする。こうした**社会的矛盾が生じた場合はつねに、それを正すために社会制度を変えねばならない。**

こうして見ると、人間社会の構造は、ダーウィン進化論が生物について述べるように、より低い段階からより高い段階へと〝進化〟すべき性質のものだ。つまり**経済学は進化の理論でなくてはならない**――こうした見方は、制度学派が強い社会主義的傾向をもつことを示してもいる。

多数がノーベル賞、しかし弱点もあり

彼らによれば、古典派経済学が主張する**〝経済の均衡状態〟は現実にはあり得ない。**あるのは因果律(いんがりつ)によって生じる**〝循環的な変化〟**や**〝変化の蓄積〟**であり、これが**硬直した社会構造を生み出し、経済社会の前進を阻害(そがい)する。**

人間社会では、人々の利害は調和の方向ではなく衝突の方向に進む。したがってそれをアダム・スミスから続く古典派の自由放任によって放置してはならず、社会制度を管理する政府の役割を強めねばならない。われわれは「これは何か?」と問うのではなく、「どこに、そしていかにしてそこに向かい、到達すべきか?」と問うべきである――

このアメリカ制度学派は、世界恐慌後にルーズベルト大統領が実行した**ニューディール**（経済への政府の強力な介入。49ページ図7、8）を後押しした。また20世紀半ばには現実に合わせて修正され、「**新制度学派**」へと姿を変えた。

1970年代以降、この学派からは**5人のノーベル経済学賞受賞者**が出た。海外の文献では、同学派のおもな顔ぶれにスタンフォード大学／京都大学教授を務めたマサヒコ・アオキ（青木昌彦）の名も見える（青木はかつてノーベル経済学賞候補になったというが未確認）。

ところで、制度学派／新制度学派が頻繁に批判されるのはその弱点ゆえである。その主張が多岐にわたりすぎ、またガルブレイスのところでも触れたように**理論が記述的で、具体性に欠ける。**そのため誰もその骨子や全体像を容易には理解できないというのだ。

物理学の世界なら、アインシュタインの相対性理論に見るようにきわめて難解な理論をキャッチフレーズ的に表現できる。大理論はみな単純なメッセージによって歴史に名を残してきた。そこで、アメリカ制度学派の主張を容易に理解できないときは、ガルブレイスの長編小説的な著作を楽しみながら読むのが近道かもしれない。●

ワルラスの「一般均衡理論」

すべての物事はいつか均衡点に達する？

失敗続きの人生から立ち上がった男

レオン・ワルラス（**図1**）という名のフランス人の前半生は失敗続きであった。大学入試には2度失敗、小説を書いても見向きもされず、銀行業を始めたがすぐに倒産――

しかし30代になって経済学を学び始めると、彼にも花開くときがやってきた。ワルラスはスイス、ローザンヌ大学の初代経済学教授に登用され、後に「**ローザンヌ学派**」と呼ばれる経済学を生み出すひとりとなった。

ローザンヌ学派は経済分析に数学を使うことを主張し、以後、世界の経済学者は多かれ少なかれこの手法の影響なしに経済学者を名乗ることはできなくなった。そしてこのことが彼に〝数理経済学の創始者〟という名誉ある呼称を与えた。

もっとも彼の数学は連立方程式のレベルにとどまっていたので、誰にでもまねられる類ではあった。

図1⬆“数理経済学の父”ともいわれるレオン・ワルラス。

活動した時代●19世紀後半〜
主要な人物●ワルラス、レオンチェフ
主張・特徴●完全自由競争市場では、多様な要素が複雑に絡んでも、最終的に市場全体がひとつの安定状態（均衡）に達する。

ワルラスの「一般均衡理論」

彼の「一般均衡理論」は何を言っているか？

そのワルラスの名を著しく高めたきっかけは、いまでは経済学の世界で広く知られている「一般均衡理論」を構築したことである。１８７０年代のことだ。それによれば、**経済における変化要因（変数）どうしの間にはたがいに影響し合う関係が存在し、その影響は経済社会の全体に波及する。そして経済全体は最終的にひとつの安定状態（均衡）に達すると**

いう。
この理論の核心を理解するには、池の水面に1個の石を投げたときを考えるとよい。石が生み出したリング状の波はしだいに大きく放射状に拡がり、少しずつ弱まりながらも最後には池の周囲すべての水際に達する。そしてときにはそこではね返り、水面に戻ってくることもある。

われわれの経済行動もすべてこれと同じである。政府や産業界による大きな経済行動はいうまでもなく、市井の一個人が労働したり商品を買ったりする場合も、目に見えないほど小さいとはいえ、やはりその影響は社会経済全体に拡がる。そして最終的には、たがいに関連のあるすべての経済がひとつの〝均衡状態〟に達する（＝需要と供給が均衡する点で価格が決定される。**図2**）。

さきほどの池に投げられる石の話のわかりやすい事例は、国際経済における原油価格だろう。われわれは産油国の国際機関（OPEC：石油輸出機構）が1バレルあたりの原油価格の上げ下げを決定すると、ただちにそれがガソリン価格や電気料金をはじめとする消費者物価にはね返ってくることを何度も体験している。

原油からガソリンが精製されるまでにはさまざまなプロセスが必要であり、それが燃料費の上昇となって輸送コストを引き上げ、物価を押し上げるまでには相当の時間がかかるはずだ。しかし石油企業はそのような波及効果が起こることを見越し、ときには実質的な影響がまだ何もないうちにOPECの決定を口実に価格を引き上げ、消費（需要）が不足すれば価格をこっそり引き下げる。生産と市場の反応によって価格は行ったり来たりし、その振幅はしだいに小さくなって、最終的にあるところで落ち着く（均衡点に達する）であろう……。もっとも現実の社会経済はそれほど単純ではないので、これは教科書に描いた図式のようでもある。

「部分均衡理論」のほうが上等？

このワルラスの見方は月面に立って宇宙空間に浮かぶ地球の上の市場経済を眺めているようなものだ。そこでこれとは別に「**部分均衡理論**」というものもある。

こちらは、日本とか中国、EU、あるいはカナダ・アメリカ・メキシコからなる北米経済圏（NAFTA）などの**限定的な経済社会や一部の物・サービスだけを見て、それ以外の経済状況は変化しない（定数）として扱い、そこで成立する均衡点を探る**ものだ。

部分均衡理論は、19世紀後半のイギリスの**アルフレッド・マーシャル**（新古典派の創始者。ケインズなど多数の経済学者を門下生とした）や、20世紀後半を代表する経済学者のひとり、**ポール・サミュエルソン**などが主張した経済モデルで

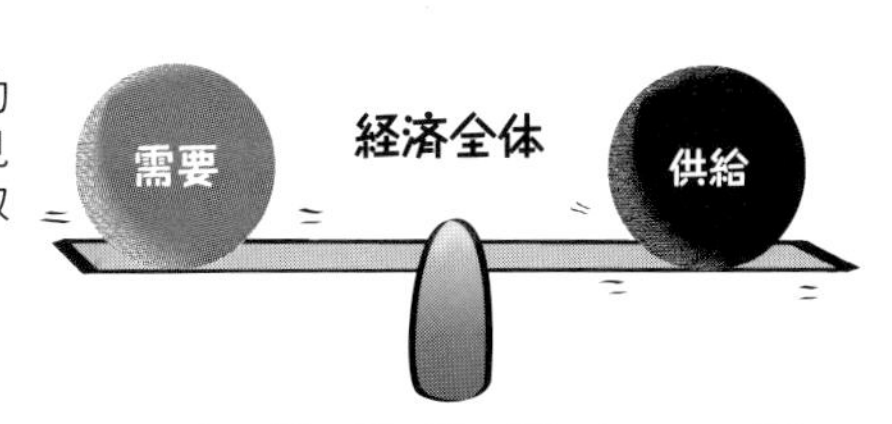

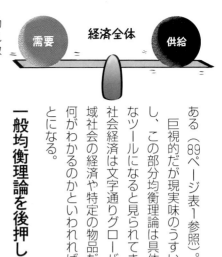

図2⬇➡一般均衡理論（右）は、社会経済は最終的に需要と供給が一致して完全な均衡に至るとする見方。他方、部分均衡理論（下）は社会経済の一部を取り出し、その需要と供給の均衡点に注目する見方。

ある（89ページ表1参照）。

巨視的だが現実味のうすい一般均衡理論に対し、この部分均衡理論は具体的で直感的で便利なツールになると見られてきた。しかし現在の社会経済は文字通りグローバルなので、ある地域社会の経済や特定の物品だけを議論していて何がわかるのかといわれれば、返答に窮することになる。

一般均衡理論を後押ししてノーベル賞

ところで、ワルラスの一般均衡理論は方程式だらけで、そこには多数の未知数が含まれる。そのような連立方程式の解はひどく複雑にならざるを得ない。たとえば前記の原油価格は石炭や天然ガスや原子力のコストとも相関があり、さらに自動車の燃費技術の進歩、各国ばらばらの排ガス規制、自動車に代わる新しい鉄道などの大量輸送機関の復活など、無数の未知の要因のフィードバックを受ける。

こう見ると、**一般均衡理論で現実の経済分析を行うことは不可能に近い**。ケインズも一般均衡理論を強く批判している。そこでこの理論の役割は、将来の経済を計量的に予測する手がかりを与える、という範囲においてであろう。

実際、経済学に数学を用いる目的はそのようなものだ。20世紀はじめ、ソ連出身のアメリカの経済学者**ワシリー・レオンチェフ**は、ワルラスの一般均衡理論を単純化して実態経済の分析に利用できるようにし、ノーベル賞（1973年）を受賞した。レオンチェフは、財やサービスがどのように社会を循環するかを示す「**レオンチェフ表（産業連関表）**」なるものを作り、経済分析の指標を目で見えるようにする手法を考えたのだ（1936年。113ページ図2）。レオンチェフはこの一見して素人にも興味深い縦横行列の表を案出することで、遅ればせながらワルラスの業績を20世紀へと後押ししたことになった。

そして、いまになって歴史を振り返るなら、**ワルラスやレオンチェフの仕事は、開祖経済学者アダム・スミスの抽象的な経済学に数理解析の手段をもち込み、多少とも具体性を付与する試み**であったとも言えそうである。●

新古典派経済学

21世紀の主流経済学になれるか？

またもイギリスで生まれた経済学

「**新古典派**」と呼ばれる経済学は19世紀末に登場し、以来現在に至るまで経済学の主流を占めてきたとされている。だがこの学派に対してはいまも批判や否定的見方に事欠かないので、ここでは概略を眺めるのみにしよう。

なぜ当時、新しい経済学が生み出される必然性があったのか？　それは、最古参の古典派経済学――アダム・スミスやデヴィッド・リカードなどが創始したイギリス経済学、およびマルクス理論――に対抗し、**より現実性の高い経済学**を生み出そうとした人々の挑戦があったからだ。

古典派経済学はイギリスで生まれたので英語で〝クラシカル・エコノミクス〟、他方、新古典派経済学は〝**ネオクラシカル・エコノミクス**〟と呼ばれる。ネオはニューである。日本には近代経済学という呼称もあるが、これを〝モダン・エコノミクス〟など英語で表現すると、欧米ではそれはいったい何のことかと問われかねない。

古典派と新古典派は何が違うか？

呼称を見ると、新古典派は古典派の改良モデルのように思える。だが実際には、競合モデルあるいは対抗モデルの色合いが強い。伝統的な古典派経済学は、①**経済成長と階級間の分配を問題**にし、②「**製品の価格（価値）を決めるのはその材料のコストと人件費の合計である**」という単純な需要供給の関係に立って議論していた。

これに対して新古典派の経済学者たちは、**需要と供給が物やサービスの生産、価格、消費を決定する原動力と考え**

活動した時代● 19世紀後半～
主要な人物● マーシャル、メンガー、ジェヴォンズ
主張・特徴● 古典派的な自由放任主義を重んじ、物やサービスの価格決定の過程に個人の満足度（効用）や企業の利潤追求といったミクロ経済学の視点を加えた。

た。そしてそこに後で見る「**限界効用**」という新しい概念をもち込むことで「**限界革命**」を引き起こしたという。

一言で言うなら、古典派経済学の見方は人間社会の経済行動を山のてっぺんから見下ろす**マクロ的経済学**であり、一方、新古典派の視点は、平地に降りて人間行動を細かく見る**ミクロ的経済学**ということになる。ただ新古典派はこのときニュートン力学を取り入れ、数学的手法（微分など）で理論を精緻化できると信じたらしい。

新古典派経済学は（ケインズ経済学の信条と合わせて）教育現場でも広く教えられており、現代の経済学の基礎をなしているとされている。ただし数学的手法を多用したことが批判を招き、結果的に経済学全体への失望を招くことにもなったとも見られている。

ともあれ、新古典派経済学者たちの見方を平たくまとめると、次の3つの視点に収束する。

第1の視点■消費者の最大の関心事は自らの満足度の最大化である。したがって消費者は製品やサービスが**自分にとってどれほど価値があるか**の評価にもとづいて購入を決定する（「**合理的選好**」と呼ぶ）。

第2の視点■物やサービスには製造コストを超える価値があるので、それらの価値に対する消費者の見方が、それらの**価格と需要にフィードバック**される。

第3の視点■市場競争は経済における資源の効率的配分を生じさせ、結果的に**需要と供給が市場を均衡させる。**

「価値理論」「限界効用」って何？

いまの視点を四角ばった表現にいいかえると、「**総需要は供給によって調整され、生産コストの合理的モデルは価値理論と流通によって決まる**」ということになる。

ここで言う価値理論とは、前記したように何が個人にとっての価値かを論ずることだ。ある製品やサービスがAさんにとって100の価値があってもBさんには10の価値しかないかもしれず、Cさんにとってはゼロないしマイナスかもしれない。個人の主観が異なるからだ。

そして新古典派経済学のさらなる中心的テーマが「**限界主義**」である。この言葉から想像できるように、人間の経済行動にはある種の限界がある。経済活動に参加している者は前記した「限界効用」にもとづいてその価値を判断する。限界効用は一般社会では聞き慣れない言葉だが、その表現どおり、効用（＝どれほど役に立つか）とは、**ある人やある製品の社会的価値のことだ。その価値が最小どれほ**

作成／矢沢サイエンスオフィス

クヌート・ヴィクセル

1851～1926年
スウェーデンの
経済学者

スウェーデン学派の創始者。功利主義かつマルサス主義の急進思想家でもあり、キリスト教批判で投獄されたことも。広範な領域を研究し、マクロ経済学とミクロ経済学のいずれにも貢献した。

主張 **累積過程**●自然利子率（収益率）が貸付利子率を上回ると投資家は投資額を増やし、物価上昇を招く。逆に貸付利子率が高いと物価は下降する。いずれもしだいにエスカレートする傾向がある。

アーヴィング・フィッシャー

1867～1947年
アメリカの経済学者・
数学者

写真／LOC

計量経済学の先駆者で、数学的手法を重視。通貨の役割を強調するマネタリストでもある。

主張 **①フィッシャーの交換方程式**●一定期間における取引総額は、貨幣の総和に等しい。（貨幣流通量×流通速度＝物価水準×財貨の取引総量）
②負債デフレ●デフレーションは実質的な負債を増大させ、企業に資産売却を促すが、それにより資産価値がさらに低下、加速度的に恐慌に至る。それを避けるには通貨供給量を急増させるべき。

ポール・サミュエルソン

1915～2009年
アメリカの経済学者

写真／Bender235

経済学の数学的分析を重視、マクロ経済学とミクロ経済学の融合を図った。1970年ノーベル賞受賞。著書『経済学』は教科書として世界中に普及した。

主張 **古典派総合**●不況時にはケインズ理論にもとづいて経済に介入して完全雇用を目指すべきだが、完全雇用の達成後には民間の自由な経済活動に任せねばならない。

どかが限界効用の意味である。

ある企業がDさんを新採用する場合、Dさんがいかに自分の価値を高く評価していようと、採用側の企業から見れば、Dさんにはじめから確定した価値があるわけではない。**Dさんをその企業が雇用することで企業の収益性がどれだけ高まるか**によってのみDさんの価値が決まる。これを「**限界価値**」と呼ぶ。新古典派をも含めたミクロ経済学、つまりテクニカルな経済学ではこれらは常識となっている。

この限界価値の上につくられた理論が「限界効用理論」で、現在の経済学徒が必ず学ぶことになるという。

新古典派のパイオニア

新古典派経済学（neoclassical economics）という呼称を最初に考えたのは、じつは新古典派自身ではなく、アメリカ制度学派のトーステン・ヴェブレン（パート8参照）である。彼は19世紀末、以前

表1　新古典派のパイオニア

カール・メンガー

1840～1921年
オーストリアの
経済学者

写真／mises.org

「限界効用」の提唱者のひとりで、ウィーン学派の祖。他の新古典派経済学者とは異なり、数学的手法はあまり用いなかった。

主張 **限界効用逓減（ていげん）の法則**●財の購入において、財を追加するごとにその価値は減少し、優先度の低い用途に財をあてるようになる。その最後の用途の満足度を「財の価値」（限界効用）とみなす。経済学における主観的価値を重視した見方。

ウィリアム・スタンリー・ジェヴォンズ

1835～1882年
イギリスの
経済学者・数学者

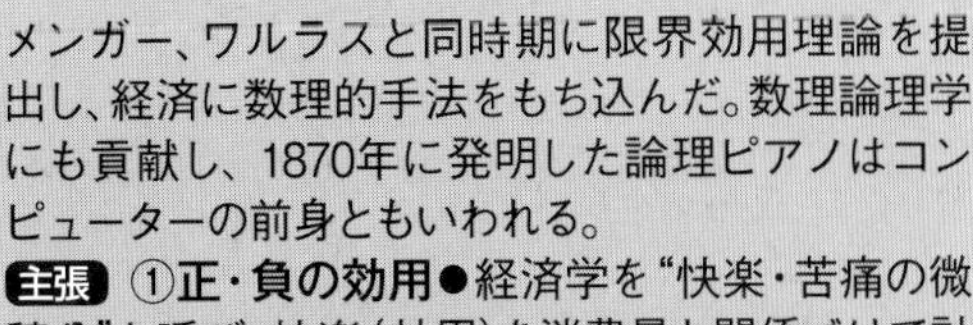

メンガー、ワルラスと同時期に限界効用理論を提出し、経済に数理的手法をもち込んだ。数理論理学にも貢献し、1870年に発明した論理ピアノはコンピューターの前身ともいわれる。

主張 **①正・負の効用**●経済学を“快楽・苦痛の微積分”と呼び、快楽（効用）を消費量と関係づけて計算、さらに負の効用の概念を提出した。

②ジェヴォンズのパラドックス●技術向上で資源の利用効率が上がると、逆に資源消費量が増える。

アルフレッド・マーシャル

1842～1924年
イギリスの経済学者

ケンブリッジ学派の創始者。限界効用説に重要な貢献をし、イギリスの新古典派経済学を体系化した。教え子にケインズがいる。

主張 **①需給均衡**●完全競争市場では、価格は需要と供給によって自然に決まる。需要曲線と供給曲線の交わる点が均衡。この需給均衡を示す図は「マーシャルのはさみ」と呼ばれる。

②通貨流通量●貨幣政策では通貨流通量（マネーサプライ）は国民所得との比率（マーシャルのk）を見て判断すべき。

とは異なる新しい経済学を議論し始めた人々をひっくるめてそう呼んだ。

この流れは第二次世界大戦後に現れた**「シカゴ学派」**（マネタリズム。パート13参照）や、ケインズ経済学を批判したが失敗に終わった**「合理的期待学派」**などのグループを生み出しながら、その末裔（まつえい）は現在まで営々と流れている。新古典派のパイオニアとされる人々を**表1**にまとめた。

これらの人々、たとえばケンブリッジ大学の**アルフレッド・マーシャル**は新古典派的な『経済学原理』を書き、ドイツの**カール・メンガー**は前記の限界効用理論を開拓した。やはり限界効用を研究した**ウィリアム・ジェヴォンズ**（溺死したが）、一般均衡理論やワルラスの法則で知られる**レオン・ワルラス**（パート9参照）などもこの集団に属する。

ところで21世紀に入ってすでに20年、新古典派経済学の末裔は主流経済学とされるようだが、主流の意味は素人には不明である。というのも、いまをときめく高名な経済学者たちが新古典派をこてんぱんに批判しているからだ。

ノーベル経済学賞を受賞したスタンフォード大学の**ポール・ローマー**は数年前、「彼らは強い仲間意識をもって画一的な学会に閉じこもり、他の専門家の見方にはまったく目を向けない。経済学を数学で表すことが進歩だと信じており、**過去の歴史には無関心**。彼らの経済学はむしろ退歩している」と述べた。

また近年注目度の高いフランスの経済学者**トマ・ピケティ**（126ページ参照）は、「経済学は**数学や思想的偏向をともなった憶測といった子どもっぽい情熱**を克服できていない。数学への偏執狂ぶりは経済学を科学っぽく見せるにはお手軽だが、われわれの社会のはるかに**複雑な問題には答えることができない**」と言う。

ただしこうした批判より前に、やはり新古典派の流れを汲むマネタリストの**ミルトン・フリードマン**（パート13参照）が批判への反論を口にしていた。「経済理論の信頼性は将来を予言できるか否かで判断すべきだ」と。たしかに、誰が正しいかはそこにのみかかっているに違いない。●

●ケインズを生涯拒絶した男

ハイエクの新古典派経済学

21世紀に訪れる冷酷な世界

活動した時代●20世紀
主要な人物●ハイエク
主張・特徴●経済・社会への政府の介入は最小限にすべき（新自由主義）。

20世紀の2大経済学者？

ハイエクは日本ではときに「**ケインズ**と並んで20世紀を代表する2大経済学者」などと評される。なかには、物理学におけるアインシュタインとニールス・ボーアの関係に匹敵するという者も。アメリカでも日本でもいささか大仰な同種の比喩を目にした。

ケインズの思想はキャッチフレーズ的に簡潔に描写できる（51ページコラム参照）。だが対照的に、経済思想をめぐってケインズと対立したハイエクは緻密でミクロ的に経済を論じ、他方で細かすぎる議論によって世界観が行方不明のようにも見える。

〝大きな政府〟を批判

フリードリヒ・ハイエク（図1）は1899年、オーストリアに生まれた。裕福な家系の子であったことが彼の人生の前半をかなり自由にした。後半は一時期貧困に陥(おちい)ってほぼ活動を停止したが、ノーベル経済学賞の賞金によって復活したという経歴をもっている。

図1⬅ハイエクは、社会主義とケインズ経済学を否定し、晩年は社会思想家として活動した。　写真／DickClarkMises

ハイエクの経済学は「**オーストリア学派**」（**注1**）から出発した。この古い起源をもつ学派は、**アダム・スミスから流れる「自由放任(レッセフェール)」**を受け継いではいた。ただし彼らの議論は中身がテクニカルで、経済思想とは呼び難い（だから「ミクロ経済学」と呼ばれる）。彼らは「限界効用」「需要供給の法則」「為替レートの操作」「経済価値」などの概念を考え出し、経済学者間で議論を続けた。

しかしオーストリア学派が自由放任から出発したということは、社会主義や、政府の経済政策を重視する**ケインズ的なマクロ経済学を拒絶した**ということでもある。実際この一派は他の学派にたえず論争を仕掛け、それが彼らの得意技でもあった。

この学派を引き継いだハイエクは師匠の**ルートヴィヒ・フォン・ミーゼス**とともに、〝大きな政府〟つまり公的支出を増やして福祉などを強化しようとする社会主義的な政府は、**経済政策への過剰介入によって必ず経済停滞を引き起こす**と主張した。

ハイエクは、市場経済に干渉する政府は、その目的を果たすよりはむしろ経済の悪化を引き起こすと言った。そして失敗に終わった干渉を別の干渉で取り繕(つくろ)おうとして市場経済をさらに破壊し、最後は必ず社会主義に行きつくとまで断言した。

注1◆オーストリア学派
近代経済学の代表的な学派。オーストリアのカール・メンガーに始まり、ウィーン大学出身の経済学者が中心となって理論を構築した。ウィーン学派とも呼ばれるが、多くは1930年代にイギリスやアメリカに移住。財・サービスの価値決定において主観性を重視する「限界効用」を主張、自由放任主義を強く支持した。とりわけハイエクの師ルートヴィヒ・フォン・ミーゼスは麻薬取引に対する政府介入にも否定的だったとされる。

ケインズとの終生の論争

1929年頃にロンドン

で両者がはじめて出会ったとき、ケインズとハイエクはたがいに紳士的に振る舞った。だがその後ハイエクはケインズを徹底的に批判し攻撃するようになる。彼は、ケインズが「**レッセフェールの終焉（＝自由放任の終わり）**」と題した講演で披露したその思想に仰天した。ケインズは穏やかな調子で、「政府にとって重要なことは、個人がすでにやっていることをやることではない」とした上で、**経済への政府の強力な介入**を示唆した。ケインズのこの思想はその後、主著『**一般理論**』で詳述され、不況脱出のための経済理論として世界を席巻する。ケインズが得た世界的名声により、ハイエクの存在感はいっきに薄らぐことになった。

だがハイエクにとってはそれは問題ではなかった。彼はケインズ経済学を拒否したことでむしろ際立つ存在となった。そして以後、経済学者として活動した時期の大半を、ケインズと論争し続けた。

当初、彼らの論争は「**景気循環**」をめぐるものだった。ハイエクの言い分は、「**金利（利子率）が低いと過剰な投資が生じて経済はバブル化**し、やがて生産財（製品やサービスを生産するために企業が購入する原材料や設備など）が不足して、**バブルが崩壊する**」というものだった。この見方は古典的自由主義から生じたもので、「個人の自由と小さな政府」を優先するところをアダム・スミスの自由放任に学んでいる。これはその後、**伝統的自由主義、リベラリズム、リバタリアニズム**などと呼ばれることになる思想と同類であり、ケインズのそれとはまったく相容れないものだった。

彼らが論争をやめたのはケインズが先に死んだからで、ハイエクはその後半世紀近くも生きた。

社会主義も共産主義もナチズムも完全拒否

前記のようなハイエクの見方の根底には、人間の知識は不完全だという認識があった。そうした立場からは個人の自由を尊重する“自由市場資本主義”が生じ、その帰結として社会主義を強く拒絶することになる。

ハイエクが第二次世界大戦中にアメリカで発表した著書「**The Road to Serfdom**」（邦訳『**隷属への道**』）はアメリカでベストセラーになったが、彼はそこで、**社会主義も共産主義もナチズムも独裁国家のファシズ**

▼**豆知識**　世界恐慌が拡がっていた1930年代、ハイエクの故国オーストリアはヒトラーに率いられたナチスに占領されかけていた。そのためハイエクは早々にロンドンに逃げた。彼はユダヤ系ではないが、ヨーロッパ大陸からロンドンへと逃げたのは、ヨーロッパ大陸に拡大し始めたナチズムの思想を社会主義や全体主義と同列に見ていたためだった。

ムもみな同質だと批判した。これらはみな経済活動を集約化、計画化、統制化しており、彼の言葉では〝**集産主義**(Collectivism)〟に辿りつく。この新語はドイツ語から英語に、そして日本語に訳されたものだ。

　ちなみに集産主義は有名な**ジョージ・オーウェルの未来小説『一九八四年』**のテーマとなった。そこでオーウェルは、全体主義、社会主義が進行した世界を生々しく描いた。彼は自分の死の数十年後、アジア大陸にそのような大国と社会が出現するとは思いもしなかったであろう。無数のテレスクリーンという監視カメラで全国民がたえず見張られている。自分の属する社会に少しでも疑問や反感を抱くと、その声や表情がとらえられてたちまち引き立てられ、処罰や処刑される未来社会である。

　前記の『隷属への道』をのぞくと、ハイエクの物言いは全般に断定的で批判は受けつけないかのようだ。欧米の科学者や経済学者の物言いはたいてい穏やかだが、ハイエクのそれはかなりとげとげしい。そしてハイエクは、「**知識階級は社会主義に関心を示しがちだが、それらは必ず最悪の独裁政治へと変質する**」と断言する。彼のこの確信は年を経るほど強固になったようだ。

西欧や日本は衰退する

　彼は1979年に発表した「**The Political Order of a Free People(自由人の政治的秩序)**」でもこの問題を論じており、その中の一文は実に74語(ワード)からなっていた。一文にあらゆる前提や条件を次々に挿入句として入れるのでこうした異様な長文となり、発言内容を正確に理解するには忍耐が要る。

　ハイエクは結婚と離婚をくり返し、その際のトラブルのためアメリカ社会で忌避された時期もあった。しかし公にはケインズ経済学を徹底批判し、マルクス的社会主義を完全拒否し、さまざまなミクロ経済学の用語や概念を生み出した古典的自由主義者(リバタリアン)として記憶されている。こうした議論や物言いに興味のある読者はちょっと挑戦してみてはどうだろうか。

　ハイエクは1974年に**ノーベル経済学賞**を贈られたが、受賞理由は、**金融緩和の危険性を警告し、通貨危機が訪れると予言したこと**だった。2005年に93歳で生涯を閉じたハイエクが晩年に残した21世紀の予言――それは**西欧や日本は衰退し、ロシアは消滅、中国とインドを中心とする世界**が出現するというものだった。●

シュンペーター理論
「創造的破壊」で資本主義は進化する

失敗した偉大な経済学者？

「資本主義は生き残れるか？　いや、私はそうは思わない」――自問自答のようなこの一文は、**ヨーゼフ・シュンペーター**（**図1**）の有名な著書の書き出しである。そこで本稿もこの記述を借用して始めてみる。ここに彼の思想が凝縮されているからだ。

日本の経済学徒の間ではシュンペーターはたいへん有名で、20世紀前半を代表する大経済学者のひとりとされているらしい。彼の理論は理屈っぽくて簡潔ではなく、気の短い人はイラつくかもしれない。

シュンペーターは経済現象を精密に、ないしはこまごまと分析し、そこから予測や予言を行った理論経済学者だ。後で見るような新しい経済用語や概念を次々と生み出し、それが世界に拡まったので、読者もふだんそうした用語を無意識に口にしているかもしれない。

それらの指摘や分析はたしかに興味深く説得的ではある。だが現実社会への応用力として見ると、彼に対する欧米のおおかたの評価は〝失敗した経済学者〟である。

「創造的破壊」が原動力となる

シュンペーターは、オーストリア＝ハンガリー帝国が倒れかけた1883年（日本では明治16年）、現在のチェコで工場経営者を父として生まれた。ウィーン大学で法律と経済学を学んだ彼は、しばらく弁護士を生業（なりわい）としたり地方大学で教鞭（きょうべん）をとった後、ニューヨー

図1⬆ヨーゼフ・シュンペーター。第二次世界大戦直後にはオーストリアの蔵相を務め、インフレーション政策を指揮した。

活動した時代● 20世紀前半
主要な人物●シュンペーター
主張・特徴●資本主義は起業家精神がもたらすノイエ・コンビナシオン（技術革新）により進化する。しかし、いずれは内部崩壊を起こして社会主義に向かう。

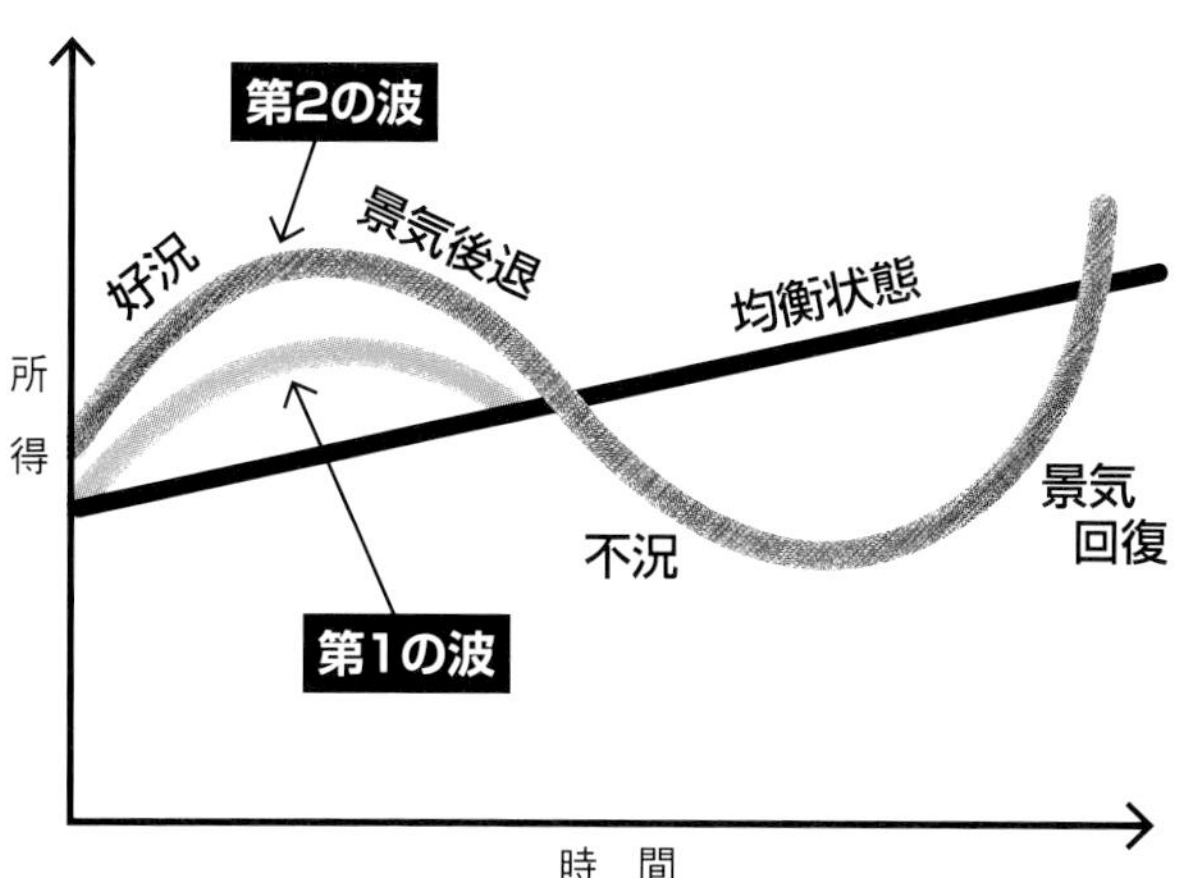

図2 ←シュンペーターの景気循環理論の図式化。市場の均衡状態を基準とし、好況、景気後退、不況、景気回復の4つの局面を表している。好況は技術革新による市場の不均衡がもたらすとしている。図中の第1の波の上昇部分は技術革新で生じる好況、下降部分はそれが飽和した後の不況を単純化している。第2の波は第1の波を伸ばして現実社会で起こる波として描いている。

クのコロンビア大学客員教授などを務めながら経済学者として名を上げていった。

この頃まだ20代半ばだったシュンペーターは最初の著書『経済発展の理論』を書き、そこで近年日本でもビジネス用語として使われることのある〝**アントレプレナー(起業家)**〟なる概念を発明した。彼は、起業家の大胆な精神がさまざまな〝**ノイエ・コンビナシオン**(ドイツ語で新しい組み合わせ、つまり「新結合」を意味する)〟を生み出し、これが資本主義の経済成長の原動力だと言ったのだ。

ノイエ・コンビナシオンは英語で**イノベーション**、**日本語では技術革新**と訳され、いまでは日本のメディアや政治家やビジネスマンが安易なまでによく口にしている。

彼の言う起業家(企業家ではない)は、新しい製品や生産技術を開発し、新しい市場や資源を開拓し、新しい組織を作ったりする人間を指している。**古いものが破壊されて新しいアイディアが実現することで進歩が起こる**――これをシュンペーターは「**破壊的創造**」と呼び、これが彼の経済発展理論の核、そしてキャッチフレーズになった。

成功ゆえに崩壊する進化のシナリオ

シュンペーターはその後、オーストリア政界に入って大蔵大臣になったが、社会主義勢力と対立して解任され、さらに銀行の頭取となったものの3年後にこれを倒産させ、自らも巨額の借金を背負うはめになった。こうして現実社会で打ちのめされたシュンペーターはボン大学で教職を見つけ、結局学問の世界に戻っていった。

7年後の1932年、彼は世界恐慌さなかのアメリカに渡った。ボストン近郊のハーバード大学で経済学教授のポストが空いたからだった。そこにはすでに名を上げつつあったソ連出身のレオンチェフや、後に〝経済学の巨人〟と呼ばれることになるガルブレイス（パート8参照）がいた。またシュンペーターが教えた学生の中には、後に世界的名声を得るサミュエルソンやトービンらも含まれていた（これらの経済学者については**注1**、89ページ表1参照）。

学生の中には日本人数人もおり、その中の**都留重人**（つるしげと）は後に一橋大学教授となった（都留は戦後、アメリカ留学中に共産主義者になったと告白したという）。

こうしてハーバードの経済学者となることでシュンペーターは国際的な名声を手にし、1950年に死ぬまでそこにとどまって多数の著作を残した。

では彼の経済思想についてである。シュンペーターは前述のように、**資本主義の成長の原動力は〝起業家精神〟**だと主張し、この原理に立って〝進化する社会〟を予言した。それによると、資本主義社会はこの原理によって成功するが、それは「**成功するがゆえに崩壊に向かう**」という。日本人が好みそうな目くらまし的な逆説論理である。

マルクス主義とどこが違うのか?

実際のところこのシナリオは単純だ。資本主義が成長し続ければ、前述した起業家たちの「新結合」が進んでついにはそれが自動化し、もはや**起業家精神がなくても新結合が起こり続ける**ようになる。だがこれは、資本主義社会の発展を支えてきた**〝企業家階級〟を消滅させ**、それによって資本主義社会そのものを崩壊させるプロセスである。こうして崩壊する資本主義社会からは「**その明らかな後継者である社会主義に向かう**必然的条件が生み出される——」

ここまで読んだとき、読者は「どこかで聞いたようなシナリオだ」と思うに違いない。それもそのはず、これは結論的に**マルクスの予言**に似ているからだ。

2人の違いは次の点にある。マルクスは、「資本主義は**内部矛盾**（ある社会発展段階に達すると生産諸力と生産諸関係の均衡が崩れ、両者が衝突するようになる）を抱えており」、それらが顕在化（けんざいか）したときに**社会主義革命が起こる**と予測した。実際、**プロレタリアート（マルクスの言う「労働者階級」）による暴力的なロシア革命**はその典型である。

一方シュンペーターは、「資本主義は矛盾を内在させてはおらず」、そのすぐれた**成長力が最終的に自己崩壊を起こして社会主義化する**と予言した。彼は「資本主義は資本主義を受け継ぐ者たちによって崩壊する」と言う。資本主義は「その社会システムが生み出す**超富裕階級を批判・攻撃すること**

注1◆ジェームズ・トービン（1918年〜2002年）
アメリカの経済学者。ケインズ学派の論客として、マネタリストと激しい議論を交わした。資産運用について不確実性を含めて論じた理論や、金融市場における投資家の動向を論じた理論（トービンのq理論）が有名。1981年ノーベル経済学賞受賞。

をメシのタネにする知識階級」を排出し、結果的に資本主義は内部崩壊して社会主義化する、と。たしかに第二次大戦後の日本では現在に至るまで、シュンペーターの予言のままに体制批判をメシのタネにしている評論家やメディアがめずらしくないようではある。

自らの鏡像から生まれた経済学？

ちなみにシュンペーターは若い頃ベルリンで「ドイツ社会主義化委員会」という名のグループに加わり、マルクス思想を研究していた。彼自身はマルクスを生理的に嫌悪したというが、それはマルクスの伸ばし放題のひげや困窮した不潔な生活ぶりが理由のひとつかもしれない。それでも彼がマルクスに深く感化されたことは疑いようがない。

こうしてシュンペーターは20世紀の経済学に特異な足跡を残した。彼は**ワルラスの一般均衡理論**（パート9参照）を批判し、**マルクスの経済収縮説**を拒絶し、**ケインズの停滞理論**（資本主義には長い停滞が起こり得る）をはねつけて、その理由を詳述した。彼はこれらの直観力のすぐれた先人たちに影響されつつそれらを批判し、そこに映る自らの鏡像を思想化していったように見える。

豆知識 都留重人は、1930年反戦活動で治安維持法に触れて高校を除籍され、日本での進学をあきらめてアメリカに渡った。日米開戦によって帰国し、戦後はGHQの経済顧問などを務め、片山内閣で日本初の経済白書の作成にもあたった。都市問題や環境問題にも取り組んだ。

もし日本でシュンペーターはケインズと並んで20世紀を代表する知性だという類の評価があるとしたら、それは特殊な日本的事情のゆえであろう。前述のように都留重人はかつてシュンペーターの学生であり（他にも数人の日本人学生がいた）、またシュンペーターが母国で失業して苦境にあったとき、東京帝国大学の自由主義者河合栄治郎が彼を日本に招きたいと手を差し伸べた（辞退されたが）。こうした経過から日本にシュンペーターのファンが増え、彼の著作の翻訳本や紹介本が乱発されてきた――

偏見なく言うなら、シュンペーターに対する世界的な評価は〝すぐれた**経済史家**〟というものだ。歴史的に高名な他の経済学者たちを徹底的に分析し批判し、他方、理論経済学者としての業績は不明のままである。

先年、アメリカのある経済学者がシュンペーター理論のダメなところを5つ挙げた。おもに彼の**経済学的な概念の定義が狭く、それを外れると無力**になることだという。5つ目の指摘はちょっと深刻だ――「**シュンペーター理論は途上国には適応できない**」

シュンペーターが死んで70年が過ぎた21世紀のいま、彼の予言はどこまで現実化しているだろうか。●

経済成長理論（ハロッド＝ドーマーとソロー）

池田勇人首相「所得倍増計画」の原点

ノーベル賞受賞者を輩出する研究

どの国の国民も、自国の経済が成長しているか停滞ないし縮小しているかを多かれ少なかれ気にかけている。政府や中央銀行や企業経営者や経済学者だけでなく、サラリーマンも商店街の店主もである。

理由は原初的で単純である。自国の経済状態が自分や家族の明日の生活にすぐに響いてくるからだ。自国が経済成長している間は国民は明日や明後日も無事に生きられそうだと感じる。しかし経済が下降し縮小し始めるとたちまち不安になる。自分が働く会社が近いうちに倒産し、自分は失業するかもしれないと不安におののくことになる。

なぜ国家の経済はあるときは成長し、次には縮小して不況になるのか。マクロ経済学の一分野である「**経済成長理論**」がこの問題を解き明かそうとする。

経済成長の研究者からは数多くのノーベル経済学賞受賞者が出ており、人間社会にとって経済成長の問題がきわめて重要であることを示している。受賞者には、1970年代以降だけでも、オランダ出身の**チャリング・クープマンス**、より新しい成長理論「**ソローモデル**」で知られる**ロバート・ソロー**（筆者のチームは2001年にニューヨークで彼に長いインタビューを行った。4ページ参照）、それにケインズ経済学を葬（ほうむ）ったとも言われるシカゴ大学の**ロバート・ルーカス・ジュニア**などだ。

活動した時代●1930年代～
主要な人物●ハロッド、ドーマー、ソロー
主張・特徴●資本主義経済では、投資を増やすことにより持続的成長が可能になる。

経済成長理論（ハロッド＝ドーマーとソロー）

図1 ⬆ケインズの弟子でその伝記も書いたハロッド。➡満州（当時ロシア領）で育ったドーマーは、1936年にアメリカに移住して経済学を学んだ。図／川島ふみ子

ケインズの悲観論を打ち破る必要性

ちなみに、日本の今年のGDP（国内総生産）が去年より**増加すると、「経済成長率がプラスになった」という。**ここでいうGDPとは、その年に新たに生み出されたすべての**付加価値**（売上高から原材料費などを引いたもの）の合計のことだ。

こうした経済成長が起こるにはいくつかの条件が必要である。定義によって異なるが、たとえば次のような——

①**その国の資源（天然資源＋資本＋人口）が増大する、**
②**これらの資源の質が向上する、**
③**技術の進歩によって生産性が高まる、**などだ。

これらが実現することで生じた経済成長率が人口増加率を上回ると国民**1人当たりGDP**が増大し、「国民の生活水準が向上した」ということになる。

世界の経済学者たちはつねに、どうすれば経済成長を実現し、さらにそれを維持できるかを考察してきた。それにはつねに眼前の緊急性があったからだ。たとえば国によって経済成長率が大きく違うのはなぜか、戦争終結後の破綻（はたん）した経済を立て直すには何が必要か、戦前まで植民地であった国々の遅れた経済を成長させるにはどうすればよいか。

さらに、すでに生活水準があるレベルに達した先進国がなおかつ成長を続けることはできるのか、社会主義が崩壊した国々の経済を立て直すには何をなすべきか——

経済成長の理論には古典的なものもあるが、ここではまず、第二次世界大戦以後に現れた現代的なパイオニア理論と呼ぶべきものに目を向ける。その名は「**ハロッド＝ドーマーの成長理論**」である。

豆知識　総生産額（GDP）を算出する際、全産業の物やサービスの生産費を合計すると原材料などが何度も重複して加算されてしまう。そこで実際には、生産額から原材料費や燃料費などを差し引いた「付加価値」の合計を計算する。

この理論名は、イギリスの**ロイ・ハロッド**とアメリカの**イヴシー・ドーマー**（前ページ**図1**）に由来する。彼らはいずれも、ケインズ経済学の悲観的予言、つまり「資本主義経済は不安定であり長期停滞に陥る」を打ち破り、**投資によって〝持続的な経済成長〟が可能になる**ことを示そうとした（**図2**）。そこでこの理論は別に「**ケインズ＝ドーマーの成長理論**」と呼ばれることもある。

日本経済を急成長させたドーマー理論

彼らによると、経済の持続的成長には2つの要因が関わっている。第1は国民の「**貯蓄率**（GDP比）」、第2は「投資の効果」である。そして彼らは、第1の貯蓄率を第2の投資の効果で割った値――0・1とか0・3など――が大きいほど経済成長率が高くなると結論した。

もっともこの理論がいつでも有効というわけではない。とりわけ第1の貯蓄率には一般性がない。貯蓄率が高いほどよいというが、国民がこぞって貯蓄嫌いで所得の大半を消費してしまうアメリカ人やイギリス人と、高所得者から低所得者まで貯蓄しないではいられない日本人やドイツ人（ケインズの言う「**貯蓄性向の高い国民**」）、それに貯蓄の余裕などない途上国の国民を同一には扱えないはずである。

他方、投資の効果の意味は少し面倒だ。これは「1単位の産出量の増加をもたらすのに必要な追加の資本量」のことで、「**資本係数**」と呼ばれる。いまより1万円余分に生み出すにはいくら追加投資すればよいか――産出量を効率よく増やすにはこの**資本係数は小さいほどよい**ことになる。資本係数が大きいと、いくら巨額の追加投資を行っても産出量はたいして増えない。

ドーマーは、この理論によって投資を続ければ経済成長が続き、完全雇用に近い状態が保たれると言ってはいない。それはケインズが言うように経済は本質的に不安定で将来を予測できないからだ。それでもなお将来の経済が必要とするだけの投資をしなければ不況となり、過剰な投資をすればインフレが生じるので、投資の重要性は変わらない。

実際、1960年代の**日本の首相池田勇人はこの成長理論を採用して「所得倍増計画」を実行し、日本人の所得が倍増したという驚くべき歴史的事実**がある。

新技術こそが経済成長を牽引する

ちなみに、ハロッドとドーマーより新しい経済成長理論として前記のロバート・ソローのそれを見てみよう。ポー

豆知識 ハロッドは、第二次世界大戦時には海軍統計局でイギリス首相ウィンストン・チャーチルの個人顧問も務めた。

経済成長理論（ハロッド＝ドーマーとソロー）

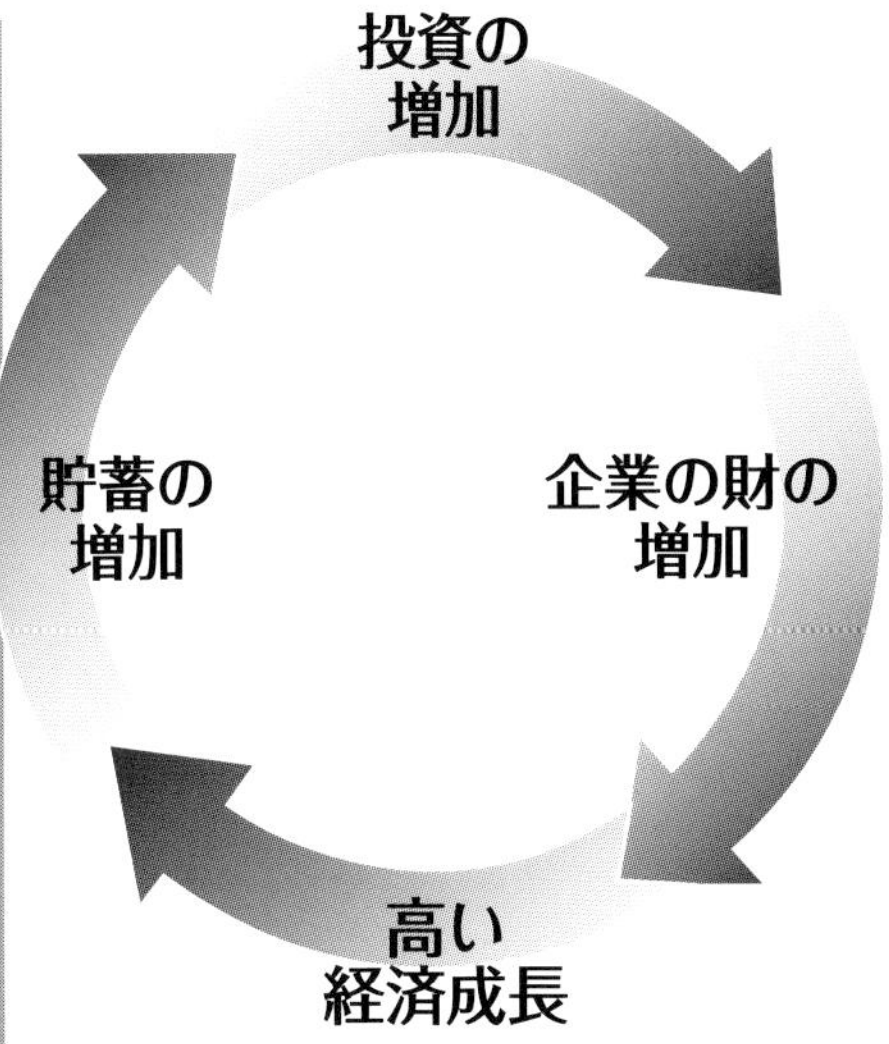

投資の
増加
企業の財の
増加
高い
経済成長
貯蓄の
増加

図2⬆ハロッド＝ドーマー理論によれば、経済成長を牽引するには高い貯蓄率が必要となる。貯蓄は投資にまわり、それによって企業の財が増えるという好循環が生じる。

豆知識　この理論では、経済成長率の自律的な安定は難しく、「ナイフの刃の上でバランスをとる」かのようだとの批判（ナイフエッジ原理）もある。

ル・サミュエルソンと並んで戦後経済学の2人の巨人とされるソローの成長理論は、ハロッドおよびドーマーとは別の前提、すなわち**経済は〝自律調整力〟をもつ**、つまり放っておいてもそこそこのところを維持するという古典派的な前提から出発する。

ソローの特徴は、**人間の生活水準を高めるのは（経済の〝量〟だけではなく）、技術の進歩だ**としている点だ。彼は経済成長を生み出すいくつかの要素のそれぞれの〝貢献度〟をはじき出す計算式を考え出し、それを使って、**労働力と資本の増加よりも新技術の方が成長への貢献度が高い（50％以上！）ことを立証**してみせた。１９８７年に彼がノーベル賞を受賞した理由はこの新しい見方にあった。ちなみに筆者らがソローにインタビューを行ってから19年後のいま（２０２１年初頭）、彼は96歳で存命である。

この２つの代表的な経済成長理論には明らかな違いがある。戦後のパイオニア的理論であるハロッド＝ドーマーのそれは概念的かつ定義的で、教科書的にわかりやすく記述しやすい。他方ソローのより新しい理論にはつねに変化する新しい要素が組み込まれているので、時代やその社会の状況に合わせた解釈が欠かせないということだ。**経済学には、つねに変わらぬ普遍的真理と同時に、状況に応じて調整される柔軟性も求められる**ということであろう。

昔の東京大学出身のマルクス学者で戦後長年にわたって地方大学の経済学部教授を務めた男Nが生前こう言い残した――「**ケインズ（の不況時の有効需要の創出）は経済のカンフル注射、ドーマーは筋肉トレーニング**である」

Nが存命ならソローの成長理論について何と評しただろうか。もしかすると「**その男の理論は遺伝子工学**である」などと言ったかもしれない。●

マネタリズム
“マネーサプライ”のみが経済の大動脈

ケインズ経済学を全否定したシカゴ学派

経済理論はあまたあるが、特定の理論がある国の経済政策の大黒柱として採用されることはあまりない。多くの理論は補完的に用いられるか空理空論に終わるかである。だが、良きにつけ悪しきにつけ、20世紀以降の各国の経済運営にしばしば重大な影響力を与えた2つの明快な理論がある。**ケインズ経済学**（パート3参照）と**マネタリズム**だ。

マネタリズム（Monetarism）は日本ではそのままのカタカナ語で呼ばれ、まれに「**通貨主義**」「**新貨幣数量説**」など訳される。字面だけ見ると、この世はすべて金しだいと言っているようで色気も味気もない。

だが、この理論を主張した経済学者たち（**マネタリスト**）は事実、国家の経済運営は金しだいと考えた。より純粋なマネタリスト――この理論の提唱者のことだが――は「**金以外の要素は何もない**」とまで主張した。彼らは経済学の分野にさまざまな足跡を残し、現在の世界の通貨体制が「**変動相場制**」（**注1**）であるのも彼らの業績ないし遺産である。

マネタリズムを主張する経済学者たちは別名「**シカゴ学派**」とも呼ばれる。これはその名のとおり、シカゴ大学の経済学者たちによって最初に提起されたからだ。

20世紀の初頭――といっても“ブラックサーズデー（暗黒の木曜日）”によって世界恐慌が引き起こされた年から数年後の1936年すぎだが――に登場したケインズ経済学は、ただちに世界各国の経済思想と経済政策を席巻（せっけん）した。

活動した時代●20世紀後半～
主要な人物●フリードマン、ボルカー
主張・特徴●経済の安定化には通貨供給量（マネーサプライ）の操作が重要であり、ケインズ的な財政政策は望ましくない。

図1⬇1988年、ミルトン・フリードマン（左）に大統領自由勲章を授与するレーガン大統領夫妻。
写真／White House Photographic Collection

ケインズ経済学によってはじめて世界を覆(おお)っていた経済の黒雲が吹き払われ、人間世界に陽光が戻ったのだ。この経済学の生みの親**ジョン・メイナード・ケインズ**は〝世界経済の救済者〟となったかのようであり、誰もケインズ理論に逆らうことはできなかった。彼の経済学は〝ケインズ革命〟とまで呼ばれた。

だが、はやくも第二次世界大戦（日本で言うところの太平洋戦争）のさなかから、アメリカの一部の経済学者がケインズ理論のあら探しを始めた。それもきわめて執拗(しつよう)に。

その主力はシカゴ大学に籍をおき、後に〝反ケインズ学派〟〝シカゴ学派〟となる若者たちである。彼らはケインズ経済学を細部にわたって攻撃し、同時にいささかカビの生えた「古典派経済学」（パート5参照）に新たな息を吹き込んで、20世紀的に復活させようとしたのだ。

どちらも古典派の末裔

大戦終結から3年後の1948年、日本では昭和23年、シカゴ大学にいまだ30代半ばの、周囲より際立って小柄な（身長152㎝）新鋭奇才の顔があった。その名は**ミルト**

注1◆変動相場制
為替市場において、各国通貨の価格（為替レート）が需要と供給のバランスによって決まる制度。日本では第二次世界大戦後、1ドルの価格が決められていたが（固定相場制）、1973年以降は変動相場制となった。

ン・フリードマン（前ページ図1）。貧しいハンガリー移民の子フリードマンは後にアメリカ経済学会会長となり、1976年にはノーベル経済学賞を贈られ、長年にわたって頻繁にマスコミに登場、そのときどきの経済について自信にあふれた解説を行った。そのため彼はアメリカ社会で、いや世界的にももっとも高名な経済学者となった。

フリードマンの名声とともに、誰も聞きなれないマネタリズムあるいはマネタリストという言葉もアメリカと全世界に拡がった。マネタリストとはフリードマンの思想の強い影響下にある経済学者の一群を指している。

前記のように**マネタリズムを信奉するマネタリストは反ケインズ経済学**である。マネタリズムを信奉する**マネタリストは、中央銀行が行う通貨供給政策の方が政府が行う財政政策より効果的だと主張**する。だがケインズもフリードマンも、その思想の源流をたどれば新古典派、さらには古典派経済学にさかのぼる。彼らはともに**アダム・スミスの〝レッセフェール（自由放任主義）〟の20世紀の末裔**である。

ケインズは世界恐慌のただ中で刊行した『**一般理論**』の中で、新古典派経済学の主張、すなわち〝経済の本質的安定性〟を否定していた。彼は、市場経済はつねに不安定であり、完全雇用を達成するには公共投資などによる政府の積極介入が不可欠であることを論証した。実際、戦後の資本主義諸国は、（ソヴィエト連邦などの社会主義を唱えた一大勢力を除けば）多かれ少なかれケインズ理論を経済政策に取り込むことで不況から回復し、経済成長に成功した。

図2⬆マネタリストの牙城となったシカゴ大学経済学部。その正式名称はフリードマンと教え子ゲーリー・ベッカーの名を冠している。

写真／Mx.Granger

マネーが社会を流れる速さ

フリードマンも第二次大戦後まではケインズ理論の信奉者だったと見られる。しかしその後彼はこれを真っ向から批判し否定するようになり、**経済を動かす最大の要因は〝マネー〟でありマネーサプライ（通貨供給量またはマネーストック。図3）**だと主張し始めた。「マネーがすべてである」と。マネーは日本では通貨とも貨幣とも訳される。

経済学はよく「マクロ経済学」と「ミクロ経済学」に分けて呼ばれる。**マクロ経済学は「巨視的経済学」などとも**

図3 マネーサプライ（通貨供給量）の見方

いつでも使用できる（もっとも流動性が高い）通貨で、①現金、②すぐに引き出せる預金、それに③すぐに現金化できる小切手・手形である。基本的に企業（金融機関以外）、個人、地方公共団体が保有する残高であり、金融機関や日本銀行が保有する通貨は含まれない。

M2
M2＋CD

M1に、短期の定期性預金や外貨預金などの準通貨を加えたもの。M2にさらにCD（譲渡性預金）を加えたものはM2＋CD。

M3
M3＋CD

M2（M2＋CD）に郵便貯金、特定の金融機関（信用組合や農協など）の預貯金などを加えたもの。

広義流動性（Mn?）

上記に、投資信託、金融債、国債、FB（政府短期証券）、外債などを加えたもの。

注／日銀は2008年、マネーサプライの名称を海外で一般に使われているマネーストックに変更。

⬆マネーサプライとは金融機関から社会全体に供給されている通貨（金融商品を含む）の総量。通貨がどの程度の流動性をもつかによっていくつかの階層（種類）に分けられる。階層の定義は国によって多少異なる。図は日本銀行の分類。

呼ばれるように、国家経済全体を視野に収めて論じる経済学を指している。つまりマクロ経済学では金利や国税、政府支出などによって国家経済の成長や安定性をいかに制御するかを議論する。その際の指標として出てくるのは、GDP（国内総生産）や国民所得、失業率、インフレ率、物価指数などだ。他方のミクロ経済学は消費者や企業などの個別的要素に焦点を当てる。

フリードマンのマネタリズムは典型的なマクロ経済学であり、その基本思想は「政府は通貨供給量（＝マネーサプライ）の操作によって経済の安定を図ることができる」とするものだ。つまり**通貨供給量（および利子率）で景気循環をコントロールできる**というのである。

さらに別の言い方を用いると、「社会に流通する通貨の総量は経済活動の大きさに合わせて伸びたり縮んだりする。そして経済活動の中でやりとりされる商品やサービスに対して通貨供給量が大きすぎるとインフレーションが起こり、その逆になるとデフレーションが発生する——」

マネタリストがこう主張する根拠、それは彼らが、「社会における**通貨の流通速度は一定**」という前提に立っているからだ。通貨の流通速度とは、文字通り通貨が人から人へ、企業から企業へと動く速さのことだ。たとえば同じ額の賃金でも、月給で受け取る人より日給で受け取る人の方が所得を日々に分散して使うので、金は速く社会を回る。したがって、通貨が速く流通する社会では、遅い社会よりも全体の通貨流通量は少なくてすむ。

他方、国民の多くが自分の稼いだ金を少しでも銀行預金やタンス預金にしようとする社会——日本やドイツのような。対照的にアメリカ人の多くはほとんど預金をしない——では、消費されずに死蔵される通貨がたまる一方なので、通貨流通量を多くしないと経済は動かない。

通貨のもつこのような性質をフリードマンらはとりわけ重視し、ある社会（国）の流通速度は長い目で見れば非常に安定していると考えた。とすると、社会に流通する通貨の量を調整すれば、それに比例して読者や筆者のふところを通過する通貨（名目所得）も増えたり減ったりする。換言すれば、**名目所得を決めるのは通貨の流通量だけ**である——

さらにフリードマンは、ケインズが主張したような**公共支出（公共投資）や課税などの財政政策は、これほどの重要性をもつ通貨政策をともなわないのであれば無意味**だと批判し続けた。彼によれば、1930年代の世界不況の原因はケインズの分析とは真逆で、当時のアメリカ政府が過度のデフレ政策によって通貨供給量を激減させたためだというのだった。だが世界はいまだ彼の出番ではなかった。

世界を襲った病魔〝スタグフレーション〟

第二次世界大戦後、すなわち1945年以降のアメリカでは、我が世の春とも呼ぶべき好景気が続いた。アメリカの強大な軍事力に踏みつぶされ、敗戦国となった国土から何とか立ち上がったばかりの日本人から見ると、アメリカ人の生活は夢のまた夢であった。日本人は乏しい給料の中から頑張って小さな白黒テレビ（たいていは14インチのブラウン管テレビだった）を買い、夜な夜なアメリカの家族

豆知識　国内経済を安定化する手段には「財政政策」、「金融政策」、「通貨政策」がある。財政政策は政府が公共事業投資や減税を行う。金融政策は日銀が債権の売買などを通じて通貨供給量や金利を調節する。「通貨政策」は金融政策とも重なり、日銀が通貨供給量を操作するとともに、政府の意向を受けて通貨を売買し、為替相場を安定化させる。

図4 ⬆1962年、キューバの社会革命を支援するソ連は、核ミサイル基地をキューバに建設、多数のミサイルを配備した（上）。これに対してアメリカはキューバを海上封鎖したため、米ソの緊張がいっきに高まった。その後、核戦争を避けるべくアメリカのケネディ大統領とソ連のフルシチョフ書記長が電話会談し、ミサイルは撤去された。　写真／DOD／JFK Library

ドラマを見ては指をくわえて憧れた。名犬リンチンチン、弁護士ペリー・メイスン、ベン・ケーシー（医師ドラマ）、ローハイド（西部劇。このときの脇役青年クリント・イーストウッドが21世紀のいまも現役俳優＆監督とは驚くばかりだが）、等々。

同時にこの間、アメリカを中心とする西側世界とソヴィエト連邦（ソ連）を中心とする東側世界は、**大量の核兵器**（ICBM：大陸間弾道弾）を相手側に向けて対立を先鋭化させた。**東西対立**、**米ソ対立**である。そして1962年には**キューバ危機**によって世界は文字通り、人類滅亡の一歩手前まで追い詰められた（**図4**）。

だが1960年代は同時に〝**人類の宇宙時代**〟の幕開けでもあった。NASAが**アポロ計画**によって人類を月面に着陸させたのもこの時代である。

豆知識　1969年、アメリカのアポロ11号は月面着陸に成功し、船長ニール・アームストロングが史上はじめて月面に降り立った。これを皮切りに6機のアポロ宇宙船が月面に着陸した。これはソ連との熾烈な宇宙開発競争の一環でもあった。

超大国となったアメリカの市民はたしかに新しく華やかな物質文化を謳歌してはいたが、この国の現実の経済はいつしか〝**スタグフレーション**〟という病魔に侵され始めていた。この新語は、スタグネーション（経済停滞）とインフレーション（物価高騰）の合成語だ。つまり**高**

い失業率と高いインフレが同時進行したのである。当時の世界ではどの国も、もちろん急速な経済発展途上の日本も、同じ病魔に襲われた。

それまで先進諸国は、ほとんど常識化していたケインズ経済学のもとで、公共支出を増やす〝大きな政府〟と過剰な通貨供給を続け、経済成長と福祉社会を追い求めてきた。だがここに来て世界中にインフレ不況が蔓延（まんえん）すると、一転してケインズ的政策は破綻したとみなされ始めた。各国はこの高名な経済学をいじりまわし切り刻み、理論の本質が見えなくなるほどとなったが、それでも経済回復の兆候は現れなかった。そこに出番を見いだしたのが、いま見てきた反ケインズのマネタリストたちである。

マネタリストの巨大な影響力

マネタリストの影響力はたちまちアメリカの経済政策の心臓部にまで浸透した。その象徴が、1970年代末のカーター政権と80年代のレーガン政権の時代にアメリカの中央銀行（**FRB：連邦準備制度理事会**。**図6**、**注2**）の議長を務めた身長2mの**ポール・ボルカー**だ（**図5**）。彼はシカゴ大学出身ではないが、フリードマンの弟子筋のマネタリストである。

図5⬆“ボルカールール”の発表前、大統領執務室でオバマ大統領（当時）と話し合うポール・ボルカー（左）。

写真／The White House

図6➡アメリカの中央銀行にあたるFRBの本部。

写真／AgnosticPreachersKid

もっとも、**通貨供給量を固定**した彼の過激なマネタリスト的政策――〝ボルカーショック〟と呼ばれた――はアメリカ経済にかえって不況を引き起こしたため、彼はこの政策を2年後に放棄、一転して金融緩和に転じたことで経済は回復した（マネタリストはもともと、通貨供給を急速に増やせば経済を押し上げて失業を減らせるが、長くやりす

図7 ⬆1977年、当時の大統領ジミー・カーター（左）とホワイトハウスで会談するイギリス保守党党首サッチャー。2年後、彼女は首相となった。

写真／NARA

豆知識　経済が停滞していた1970年代のイギリスで首相となったサッチャーは、小さな政府を標榜、規制の大幅緩和や国有企業の民営化を進め、イギリス経済の回復に成功した。これらの政策を総称して「サッチャリズム」という。

ぎるとインフレを引き起こすとも言っていた）。

　ともかく世界的名声を得たフリードマンが各国の経済政策を依頼されるようになると、それぞれに自分の弟子筋の経済学者や学生を送り込んだ。ひどいインフレに悩まされている国は、マネタリズムが何かを知らなくてもフリードマン一派に救済を求めたのだ。

　だが先に彼らの失敗例をあげておく。それは１９７０年代後半から**南米チリで行われたマネタリストの国家的実験**のことだ。このとき**ピノチェト将軍の軍事独裁政権**下で崩壊状態にあったチリ経済はフリードマンとその弟子たちによるマネタリズム実験場となり、一時は〝チリの奇跡〟と呼ばれるほどの回復を見せた。それは、ピノチェトの前のアジェンデ政権が行って失敗した社会主義的政策を一変させ、すべてを民営化した効果のように見られた。

　だが実験成功と見えたのはわずか数年で、チリ経済がふたたび低迷すると、ピノチェト将軍はフリードマンの弟子たちに引導を渡した。フリードマンが理想とした**「規制のない自由主義経済」は現場では機能しなかった**のだ。

　この事例には目をつぶるとするなら、アメリカの**カーター**政権や**レーガン政権**、イギリスの**マーガ**

注2◆FRB（連邦準備制度理事会）
連邦準備制度（FRS＝Federal Reserve System、単に連邦準備＝Fedともいう）の最上層を占める理事会で、アメリカの通貨政策を決定する政府機関。19〜20世紀はじめアメリカで民間銀行の倒産が相次ぎ、金融危機がたびたび起こった教訓から1913年に連邦準備法が制定され誕生。本拠地ワシントンDCには7名の理事がおかれている。

注3◆ボルカールール
銀行による金融商品の取り引きを規制する法律で、2010年に制定された金融規制改革法の中核をなす。ボルカーが内容を提唱したことからこの通称がある。2008年のリーマン・ショック（金融危機）の原因は、銀行がリスクの高い金融商品を取り引きしたことにあったため、銀行に対する規制が求められていた。

レット・サッチャー政権、イスラエルの**リクード政権**などはいずれもマネタリズムに特別の敬意を払った。後のオバマ大統領も高齢となっていたボルカーに大統領経済諮問委員会の委員長就任を求め、2010年にはオバマの造語による〝**ボルカールール**〟（前ページ**注3**）なる銀行規制法を制定したのであった。

シカゴギャングとシカゴボーイズ

ところで、ケインズ学派の経済学者はしばしば、マネタリズムは古典派経済学に古くからよく顔を出す**貨幣数量説**、すなわち「貨幣（通貨）の量が2倍になれば物価も2倍になる」という説を引っ張り出して今風に焼き直したにすぎないと批判してきた。

これに対してフリードマンは「私の理論の枠組みはそれとは違う」と激しく反論した。両者の争点はいつも、①**市場が安定的かどうか**、②**通貨の役割が大きいか否か**、に終始した。

ケインズは経済学に人間の社会心理をもち込んだが、マネタリストはそうした見方とは縁遠く見える。彼らはその理論に数学的手法をもち込み、**人間社会の経験にはほとんど関心を示さない**。数学に心はないというのだ。

アメリカではマネタリズムの影響を受けた経済学者が目につき、なかには1992年にノーベル賞を受賞したゲーリー・ベッカー、95年に受賞したロバート・ルーカス・ジュニアなどもいる。ただしこの2人はフリードマンの申し子というわけではなく、柔軟で独自の思想を披歴している。とくにベッカーは経済学を政治科学や社会生物学などと融合させようとしており、経済を独立現象と見てはいないようだ（ベッカーは大統領自由勲章を贈られた）。

だが21世紀のいま、マネタリズムは以前ほどの影響力を持っていないと見られている。理由はおもに、経済用語で言う〝**流動性**〟、**つまりさまざまな資産の通貨への交換のしやすさが複雑化**したためだという。そこで近年、修正されたマネタリズム、すなわち〝**新マネタリズム**〟や〝**拡大マネタリズム**〟が研究されているようだ。

ちなみにマネタリストを嫌う人々は彼らをよく〝シカゴギャング〟と呼び、一方フリードマンやその弟子たちは自分たちを〝シカゴボーイズ〟と称してきた。ついでながら日本政府は1988年、ポール・ボルカーに勲一等瑞宝章を贈っている。

マネタリズムの総帥である小さな巨人フリードマンは2006年、94歳でこの世に別れを告げた。●

数理経済学

数学を使えば経済学が科学になるか？

並みの経済学者が針の穴を抜ける法

数理経済学？　そんな経済学があるんだろうか。それがあるのだ。文字通り**経済現象の分析に数学を使う**というものだ。それもかなりめんどうな数学をである。

この手法をよく用いる経済学者は、**数学を用いれば経済現象をより一般化し、単純かつ厳密に扱うことができる**と主張する。それは数理経済学派という集団が存在するのではなく、多くの経済学者が多少とも数学をツールとして用いているという意味だ。彼らは、経済の概念を文章ではうまく表現できなくても、数学を用いれば明確に人々に伝えやすいと考えている。

図1⬆ドイツ生まれでソ連出身のワシリー・レオンチェフ。1931年にアメリカに移住し、第二次世界大戦中はアメリカの情報局に務めたことも。物やサービスの流れを量的に示す「レオンチェフ表」を考案した。

活動した時代● 19世紀後半～
主要な人物● ジェヴォンズ、レオンチェフ、フォン・ノイマン
主張・特徴● 経済現象を数学を使って分析する。

近代的な経済学が登場した19世紀には、はじめから人間の経済行動、つまり生産や消費に関わる行動を表すために代数や微積分が使われていた。なかには早くも「経済学を科学的に扱うには数学は不可欠だ。経済学は〝量〟を扱うからだ」と主張したイギリスの**スタンリー・ジェヴォンズ**のような者もいた（次ページ**コラム**、89ページ表1も参照）。

たしかに過去には経済学者で同時に数理経済学者でもあった例は少なくない。たとえばフランスのレオン・ワルラスは数学を使って経済分析を行うことを最初に主張し、スイスのローザンヌ大学で「**ローザンヌ学派**」を創設した。

ワルラスは有名な「**一般均衡理論**」（パート9参照）を導いたことで知られる。この理論は、経済を動かすすべての要素はたがいに相関しており、ある要素が動くと他のすべての要素もそれによって変化するという。彼はこれを自信ありげに「純粋経済学」と命名した。

いまひとりの数理経済学者はソ連出身のアメリカの**ワシリー・レオンチェフ**（前ページ図1）。「**計量経済学**」と呼ばれる彼の研究の中心は、「**レオンチェフ表**」（一種の**産業連関表**）を作ることにあった。彼はこの業績によって1973年にノーベル賞を受賞している。

計量経済学は数学を用いる経済学の典型だ。この分野の経済学者はまず方程式やグラフやマトリックス（縦横に数字や記号を並べた行列表）で経済モデルをつくる。次に現実の経済からデータを集めてこれにあてはめる。データには通貨供給量、通貨流通速度、労働生産性などの〝変数〟が含まれる。これらの変数を変えると統計が変化するので、そこから経済の分析や予測を行う。

レオンチェフ表も別名「**投入産出表**」などと呼ばれる縦横のマトリックスで、縦と横に同一の産業分野が並ぶ（**図2**）。たとえば縦列の「自動車産業」が1億ドル分の自動車を生産したら、横列の各産業がそのうちどれほどを購入するか（需要）が示されている。

この表から、**物やサービスの流れが簡潔に把握できる**という。

これはその昔フランス重農主義の先駆者**フランソワ・ケネー**が作った「**経済表**」（59ページ図3参照）の現代版で、マルクスもケインズも似たものを作った。レオンチェフ表はさきほどのワルラスの一般均衡理論の肝心な部分を表にしたもので、その後どんどん複雑になった。いまでは経済を400〜500の産業分野に分け、縦横列ともに膨大（ぼうだい）になっている。

この間、経済学を完全に数学化したのは、第二次世界大戦

豆知識　ローザンヌ学派の核のひとつは「限界効用説」。これは物やサービスの価値は状況によって変わり、1個目の購入時より2個目の方が低く感じるという消費者の感覚を理論化したもの。

column

ジェヴォンズの「太陽黒点不況説」

本文に登場するウィリアム・ジェヴォンズは19世紀末、「**太陽黒点と経済不況は連動している**」とする説を唱えた。

太陽黒点は太陽表面の温度が低い領域で、強い太陽磁場に満たされている。ほぼ11年周期で生じる黒点の減少期（極小期（きょくしょう））は太陽の活動が低下し磁場の活動も弱まっている時期と見られる。このとき地球に届く太陽エネルギーも減少して地球が寒冷化し、農業生産や経済活動が低下することは十分にあり得る。そして**2021年のいままさに太陽黒点は極小期**にある。

実際に過去の極小期と世界的不況は奇妙なまでに一致している。前回の極小期は2008年のリーマンショックに始まる世界金融危機と重なり、その前の1996年の極小期はアジア通貨危機の前年、さらにその前の1986年の極小期はブラックマンデーの前年に始まった。ジェヴォンズの予測のとおり、世界はいま太陽黒点の減少とコロナ禍のダブル攻撃による世界不況の入り口に立っているのかもしれない。

中にアメリカの数学者ジョン・フォン・ノイマンが案出した「ゲーム理論」が唯一であろう（パート15参照）。

〝ラクダ経済学者〟が針の穴を抜ける？

では、経済学に数学を用いる手法を大物経済学者はどう見ているのか？

図2 レオンチェフ表（投入産出表）

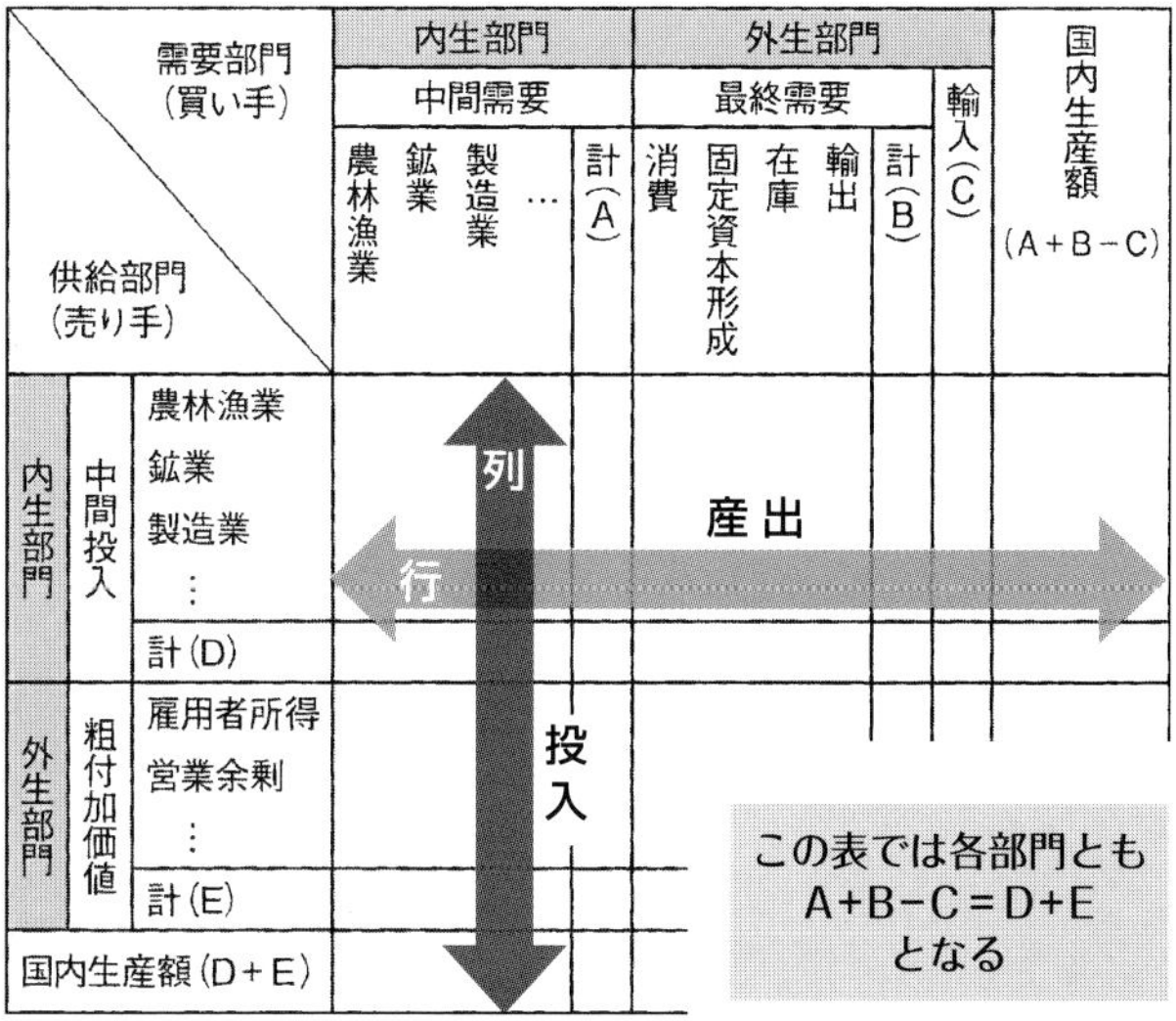

需要部門（買い手）／供給部門（売り手）			内生部門					外生部門						
			中間需要					最終需要					輸入(C)	国内生産額(A+B−C)
			農林漁業	鉱業	製造業	…	計(A)	消費	固定資本形成	在庫	輸出	計(B)		
内生部門	中間投入	農林漁業												
		鉱業												
		製造業												
		⋮												
		計(D)												
外生部門	粗付加価値	雇用者所得												
		営業余剰												
		⋮												
		計(E)												
国内生産額(D+E)														

列　投入
行　産出

この表では各部門とも
A+B−C＝D+E
となる

⬆社会の経済構造や投資の波及効果などを明らかにするため、各産業の間の支払い額と販売額を表にしたもの。縦方向に各産業の支払い額（投入：材料費、燃料費など）、横方向に販売額（産出）が示される。
資料／総務省

まず20世紀を代表する経済学者で本書でも主役級のひとりとして扱っているジョン・メイナード・ケインズ、それに景気循環理論のフリードリヒ・ハイエクは、「人間の行動を数式を使って単純化したり法則化したりすることなどできない」と冷たく突き放した。

また1970年にノーベル経済学賞を受賞したマサチューセッツ工科大学（MIT）のポール・サミュエルソン（89ページ表1参照）は「経済学は1935年には数学時代に突入していた」とした上で、「経済理論の創始者たちのような天才ではない〝ラクダ〟（＝並みの経済学者）でも、数学を使えばときには針の穴を通り抜けられる」と語った。

そして筆者らがインタビューを行ったノーベル賞学者ロバート・ソローは現代の数理経済学を代表してもいるが、彼はインタビューの中で「数理経済学の経済学全体への貢献は限られている」と言った（4ページ参照）。

たしかに素人目でも経済学の概念や思想を方程式で表すなど無理な相談なので、大物経済学者が数理経済学を軽視するのは無理からぬことだ。それでも、理論の正しさを定量的にチェックするには数学が有効のようには思える。●

豆知識　ローザンヌ学派のヴィルフレート・パレートは所得統計を分析した結果、富は一部に集中するが、その分配の割合は国や時代によって変化しないと主張した。この「パレートの法則」は他の経済・社会現象、たとえば優秀な2割の社員が企業業績の8割を生み出すといった例にも当てはめられている。

「ゲーム理論」で経済行動を読む

ゼロサムゲーム、協力ゲーム、非均衡ゲーム

活動した時代●1940年代～
主要な人物●フォン・ノイマン
主張・特徴●経済活動を相互依存関係にある相手とのゲームとみなし、両者の合理的判断にもとづく意思決定を数学的に解析する。

パソコンやスマホの生みの親

ゲーム理論を経済学のツールとして考え出したのは、アメリカの**ジョン・フォン・ノイマン**（**図1**）である。

彼は数学者、物理学者、計算機学者、経済学者、気象学者、心理学者などあらゆる分野の超一流の専門家かつ開拓者であり、しばしば「**20世紀最大の数学者**」「**20世紀科学における最重要人物**」などと形容される。

彼の業績としてもっとも広く知られているのは、現在のコンピューターの原理（プログラム式。116ページ**図2**）を〝たった2週間で〟考え出したことであろう（彼と共にイギリスのアラン・チューリングの名も記さねばならない）。

おそらく本書の読者がひとり残らず日々接しているであろうパソコンは例外なく、彼が考え出した「**フォン・ノイマン型コンピューター（ノイマンマシン）**」である。スマホしか使わないという人も同様だ。スマートフォンの情報処理もパソコンと同じノイマンマシンの動作原理を用いている。世界一を争っているスーパーコンピューターも同じ。彼のたった2週間での発明がなければパソコンもスマホもスパコンも動かず、読者も筆者も21世紀の人類の大半も、ほとんど1日としていまの生活を維持できない。

さらに彼は、**原爆と水爆の構造設計**、**人工知能の原理**、**DNAの自己増殖**（**注1**）**のしくみ**など、現在の技術文明の起源となる数々のアイディアの発明者、発見者となった。

図1⬆「ゲーム理論」の考案者でハンガリー出身のユダヤ人ジョン・フォン・ノイマン（右）とナチス政権下で弾道ミサイルを開発したヴェルナー・フォン・ブラウン。"旧敵"ともいえる2人だが、終戦後はともにアメリカの軍事研究に尽力した。
写真／U.S. Library of Congress

原爆と水爆の設計

幼児期までさかのぼっても、フォン・ノイマンはよく見かける数学者タイプからはほど遠い。彼は生々しい現実世界との接点があまりに広く、純粋数学や理論物理の世界をはるかに超えていた。アメリカの政治や安全保障、軍事技術（核兵器開発、弾丸やミサイルの軌道計算等々）との関わりが人々の想像の届かないところに及んでいた。

とりわけ日本人に与えた重大な影響は、第二次世界大戦末期に広島・長崎に投下された原子爆弾に関してだ。フォン・ノイマンは1940年代に**アメリカの原爆開発計画（マンハッタン計画）**に加わり、数学者として原爆の構造設計を行った。さらに1945年8月の原爆投下に先だって**日本の各都市を調べ、17都市を投下候補地として選んだ。**そして直前の日本列島の気象データなどをもとに2個の原爆が投下された。3個目の投下も予定されていたが、日本が無条件降伏したために中止された。

こう聞くと何やら恐ろしげな科学者と見られがちだが、これは日本とアメリカが第二次世界大戦を戦っていた最中

注1◆DNAの自己増殖
1948年、フォン・ノイマンは、生物の遺伝子DNAは自身の設計図をもち、かつそれを複製する〝自己増殖マシン〟だと考えた。53年にDNAの二重らせん構造が発見されると、彼の見方が基本的に正しいことが確かめられた。

の話だ。これに先立つ数年間、ドイツと日本も原爆研究を行っていたがアメリカにはるかに先を越されたのだ。

ハリウッドの監督スタンリー・キューブリックは昔、『**博士の異常な愛情**』というブラックコメディーを作った。この映画で核爆弾に執着する科学者のモデルと噂された2、3人に、ここでの主人公フォン・ノイマン、〝ロケットの父〟**ヴェルナー・フォン・ブラウン**、それに〝アメリカの水爆の父〟**エドワード・テラー**も入っていた（筆者は1980年代、地中海シチリア島で開かれた「世界核戦争会議」で割れ鐘のような声で話すテラー博士に会っている）。

しかし、その同じフォン・ノイマンが開拓したのが、一見場違いな「ゲーム理論」である。いまでは経済学の分野で多用されているこの理論に目を向ける前に、稀代（きたい）の数学者・科学者フォン・ノイマンの実像とこのゲームの関係を少し見ておかねばならない。

アインシュタインのノイマン評

ジョン・フォン・ノイマンは1903年、ブダペストでユダヤ系の両親から生まれた。誕生時の名はナイマン・ヤーノシュ、その後ヨハン・フォン・ノイマン。貴族の称号である〝フォン〟は父親が金で買った（ドイツ人にはこうした方法でフォンを自称する者がいまでも少なくない）。

一家はハンガリーからドイツに移り、ついでノイマンはアメリカに渡って1933年から**プリンストン高等研究所**の教授となった。アインシュタインら他の3人とともに。世界が真の天才と呼ぶアインシュタイン自身が後にノイマンについて「彼は真の天才だ」と述べたという。

そして第二次世界大戦中の1944年、オーストリア出身の経済学者**オスカー・モルゲンシュテルン**と共著で一冊の本を出版した。題名は『**ゲーム理論と経済行動（「Theory of Games and Economic Behavior」）**』——原書は700ページ近くをアリのように小さな文字が埋め尽くし、640以上の数式が後に行くほどぎっしりと並んでいる。

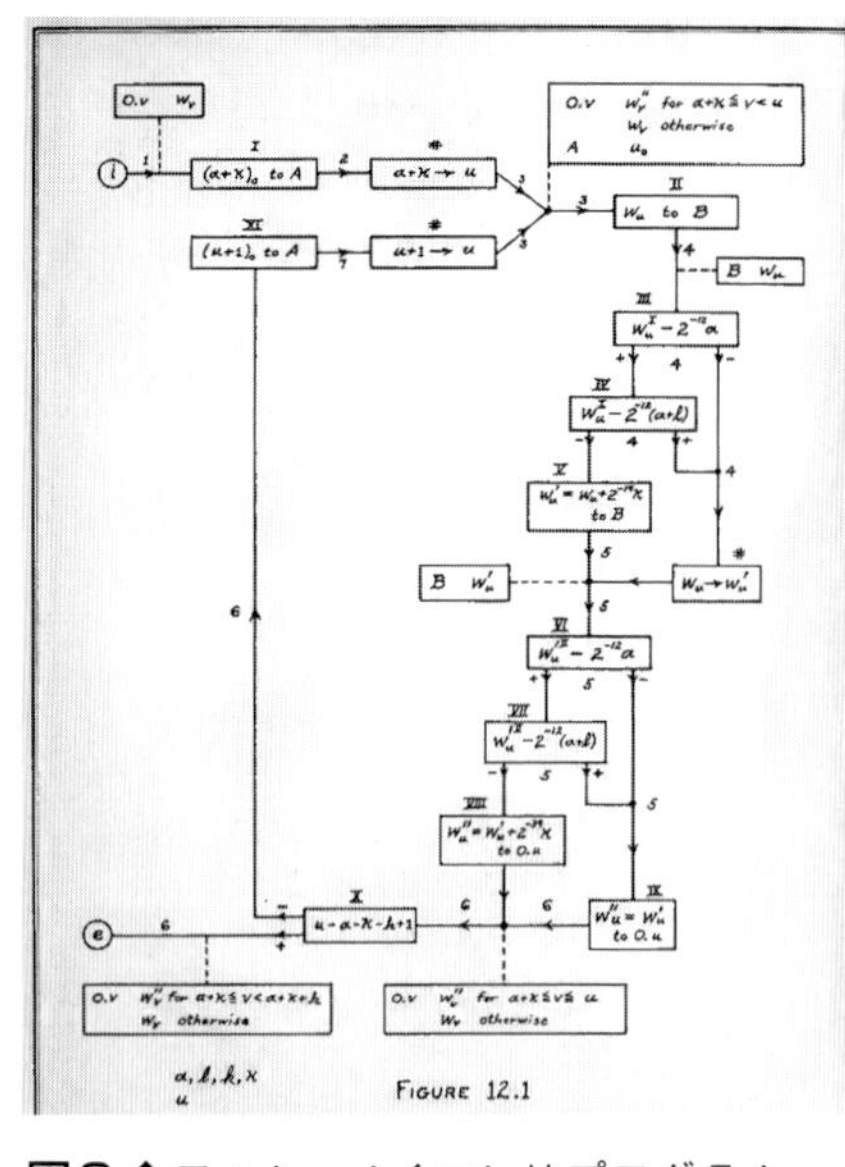

図2⬆フォン・ノイマンはプログラム（ソフト）で動く電子計算機を発案した。図はプログラムが計算機に指示する計算の流れ（フローチャート）。
資料／H. H. Goldstein, J. von Neumann (1947)

この本は経済現象の見方を謳（うた）っているが、出版されるやまず当時の軍事戦略家たちによってその重要性が理解された。そこには、ノイマンが1928年以来発展させてきた数学的ゲーム理論の基本と、実社会におけるその応用の仕方が明らかにされていたからだ。序文で彼はこう記した。

「著者の主たる目的は、利害が一致または相反したり、情報が完全または不完全であったり、自由で合理的な決定や偶然が関わってくる**経済学的、社会学的な問題には、厳密なアプローチの仕方**があることを示すことである」。

つまり彼は、物理学のような単純な現象と違ってきわめて**複雑な様相を示す実社会も、数学的手法によって理解できる**と言ったのだ。

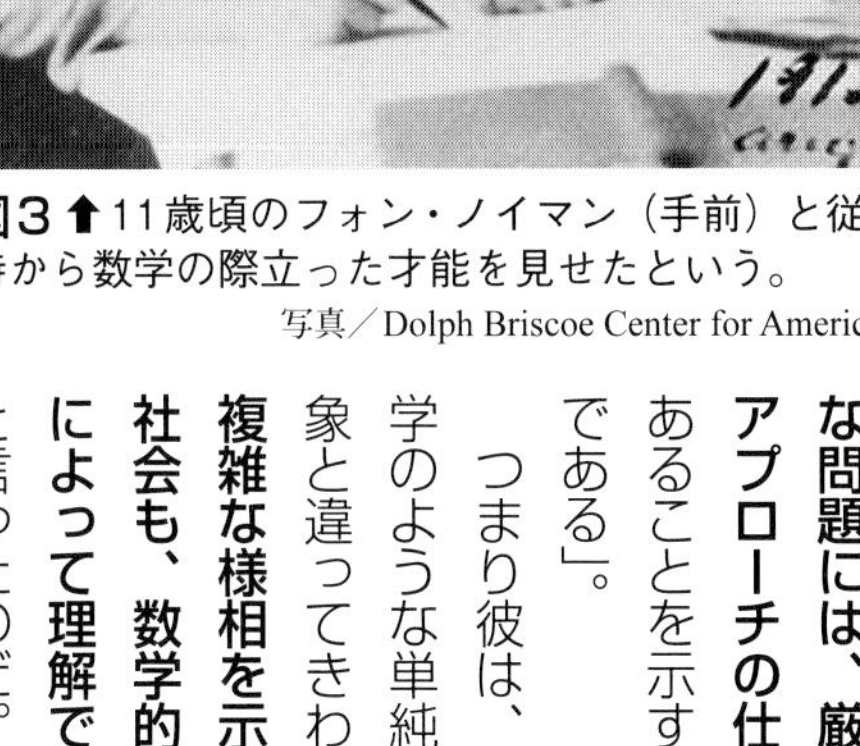

図3⬆11歳頃のフォン・ノイマン（手前）と従姉妹。当時から数学の際立った才能を見せたという。

写真／Dolph Briscoe Center for American History

戦略ゲームとゲーム理論

ゲーム理論という呼び名から、これを経済理論と受け取ることには抵抗を感じる人がいるかもしれない。しかし理論と呼ばれるものは、科学理論であれ経済理論であれ人間が作り出したものだ。どれほど信頼されている高名な理論でも、それが自然や人間社会についてのまったき真実の記述だという保証はない。われわれは物事のある側面、経験的に認識できる側面を見て、そこに何らかの法則性を見いだしたと考え、それを理論と呼んでいるにすぎない。

そう考えるなら、ゲーム理論もまた人間に物事がどのように見えるかを抽出しようとする点で他の理論と変わるところはない。ゲーム理論は他のどんな理論より実際的かつ実利的であるという点で、それを用いる個人と社会にもっとも恩恵をもたらし得る研究の成果といえなくもない。

もっとも、人間の営みをゲームに見立てて理解しようとする試みはフォン・ノイマンに始まったことではない。何世紀も前から世界各国で、戦争や戦闘をゲーム化したチェスや碁、将棋の類が遊戯化している。テレビドラマでは戦国武将や近代的軍隊の将軍たちの軍議や戦争ゲームを目にする。あれは敵味方のあり得べき合戦や戦闘のシミュレーションだ。近代の戦争で戦争ゲームが勝敗を決定した最後の事例は日露戦争における日本の勝利だったとされている。

だがこのような戦争ゲームもやはり、すぐれた軍人の経験や直感が最後の頼りとなる。その意味で、かつての戦争ゲームを科学的とか数学的とは呼べない。最後は天才的な戦略家や戦術家が劣勢をはね返し、優勢な相手を打ち負かす余地が残っている。そこで、**人間社会の現実問題を個人の直感や経験に頼らず科学的に扱う、つまり数学的に解析しようとしたのがゲーム理論**である。

「ミニマックスの定理」と「恐怖の均衡」

フォン・ノイマンがゲーム理論の構築を着想したきっかけは、彼が1928年にはじめて数学的に証明した「**ミニマックスの定理**」にあった。〝ミニマックス〟はミニマム（最小）とマクシマム（最大）の合成語。これは、いまではよく知られている「**ゼロサムゲーム**」と呼ばれる状況では、一方にとって〝最悪の中でとり得る最善の手〟が、他方にとっても同様に〝最悪の中でとり得る最善の手〟となったとき、**どちらにとってもそれ以上の手はない**ことを意味する（ゼロサム＝全員の利益の合計はゼロ）。

ちなみにこのミニマックスの定理は、第二次世界大戦後のアメリカとソ連の核戦略「**恐怖の均衡**」のシナリオとなった。恐怖の均衡とは、一方が核ミサイルを発射して先制攻撃を行うと直ちに相手側も核ミサイルで反撃し、両者が相打ちとなるような対決構造を維持すれば、双方の恐怖がバランスして核戦争の勃発を抑止できるというものだ。「**核抑止力**」もここから生まれた。このシナリオは、ソ連が崩壊した1980年代末まで約半世紀の間、一触即発の緊張感とともに人類の命運を握っていた。現在もその状況は続いている。

経済学はなぜ理論化できないか？

前記のようにゲーム理論の原型は軍事戦略にあったものの、ノイマンはその著書の第1章にこう書いている。

「**戦略ゲーム理論**は経済行動の理論を開発する適切な道具となる。ここで読者はわれわれの意図を誤解し、単にこれら2つの理論には類似点があると指摘していると考えるかもしれない。だが筆者らがここで確立しようとしているのは、経済行動における典型的な問題は、戦略ゲームを数学的に記述した場合とまったく同一だということである」

彼はさらに、「現時点では**普遍的な経済理論はどこにも存在せず**、そのようなものが誕生するとしても、それはわれわれの生きているうちではないだろう」とも述べた。

経済学の理論化が難しい理由、それは経済行動には人間の心理のような〝**計量不可能**〟なさまざまな要素が入ってくるからだ（新型ウイルスが世界に拡散したり予想外の技術革新が起こったりすることも計量不可能である）。

たとえばある商品が売り出されたとき、みんなが買うから私も買わなければという心理が働くとその商品はばか売れする。そこであらゆる企業家が新工場の建設と労働者の大量雇用という投資を行い、似たような製品を大量生産して売りまくれば大儲け（もう）できると考える。

だが1年も経たずして人々はその商品に飽きて見向きもしなくなる。後追いで参入しようと銀行から融資を受けて投資した企業家は一転して倒産し、大量失業者が出る――これは、人々がいつまでその商品を買い続け、いつ買わなくなるかを企業家が予測できないことの結末である。

にもかかわらず、**人間の経済行動を定量化し、理論にまとめ上げられる可能性**はあるのではないか――ゲーム理論はそのことを期待させる。

「ゲーム理論」で経済行動を読む

ゲーム理論を一言で定義する

だが期待しすぎてはいけない。ゲーム理論は人々の経済的、社会的行動を〝控え目〟に扱おうとしている。この理論を身につければ自分の会社がライバル企業に勝てるとか、日本経済がまもなく長期デフレから脱出して世界経済の中でリーダーシップをとれるなどとは誰も言っていない。

ここでいう〝控え目〟が、ゲーム理論の核をなしている。ゲーム理論には厳密な前提がある。それは、このゲームに登場するのは、**たがいに利害が対立し、かつ合理的、理性的に振る舞う人々（集団）**だということである。

たとえば状況の変化に何の影響も与えそうにない人々や、その行動に合理性がない――感情に支配されやすい、精神が著しく不安定である、過度にオタク的で社会常識の埒外（らちがい）にいるなど――と見られる人々をゲームのプレーヤーと見ることはできない。なぜなら、ゲーム理論は相手側の理にかなった反応を予測して、こちら側の手を打とうとする。だが相手側がこちら側と価値観を共有していなかったり、相手側の振る舞いが状況に何の影響ももたらさないなら、そこには合理性がないのでゲームには影響しない。それは偶然的要素か付随的要素として処理されるべきものだ。

こう見た上でゲーム理論を一言で定義すると、それは「**相互依存関係が存在する状況での合理的行動の研究**」ということになる。ここでのキーワードは「相互依存関係」と「合理的行動」である。この2つのいずれか、あるいは両方が欠けている状況はゲーム理論の対象にはならない。

ここでいう**相互依存関係とは、ゲーム理論に登場するプレーヤーの行動がつねに相手側の行動に影響され、相手側もまたこちらの行動に影響される関係**をいう。実際、現実社会の一般的な関係はほとんど相互依存関係にある。われわれの社会では誰かが物事を100%支配することはあり得ない。そしてこの相互依存関係を認識している人間なら、自分の行動を決めるときには必ず、それによって引き起こ

column

「非協力ゲーム」と「ナッシュ均衡」

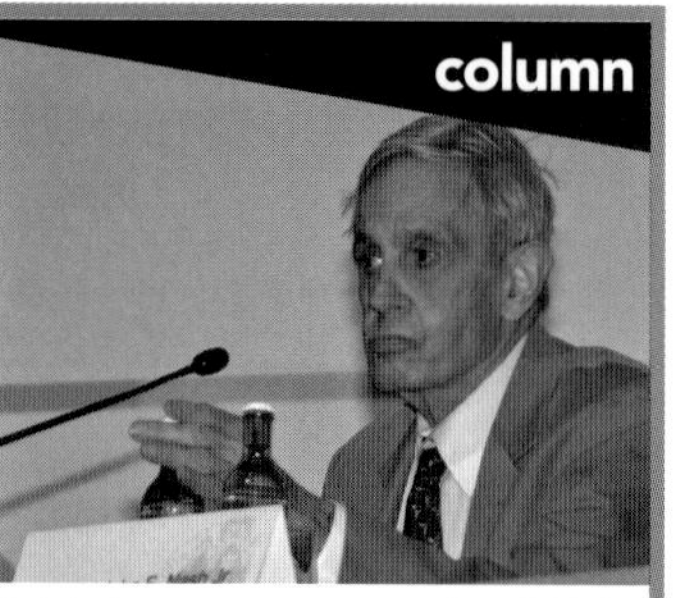

図4⬆ナッシュは1994年、非協力ゲームの研究でノーベル経済学賞を受賞した。　写真／Elke Wetzig

ハリウッド映画の主人公にもなった天才的だが重い統合失調症に苦しむ数学者**ジョン・ナッシュ**（**図4**）は、フォン・ノイマンに続くゲーム理論の有力な開拓者であった。

MIT（マサチューセッツ工科大学）教授ナッシュは、こちら側と相手側とが協力しようとしない事例を扱う「**非協力ゲーム**」の研究で知られるが、そこには「ナッシュ均衡」というものが現れる。これは、たがいにまったく**協力しようとしない者どうしの間でも、最終的に均衡状態、すなわち双方が満足する結果を手にすることがあり得る**というものだ。

われわれの社会にはなぜ、慎重かつ計画的に生活する家庭的で“堅実な人間”と、いつも他人のふんどしで相撲をとろうとしたりふらふらとだらしなさそうに生きる“適当な人間”が一定比率で共存しているのか？　もし堅実な人間の方が生きていく上で有利なら、すべての人間は堅実になろうとするのではないのか。

この不可解な問題も、ナッシュの非協力ゲームを使えばその理由をうまく解釈できるというのだ。

すべての人間が理性的かつ合理的に行動するなら、人間の経済行動はすべてゲーム理論で分析できる。ゲーム理論はそうした可能性を秘めており、経済学を数学的ないし科学的に理解しようとする試みの中で、ほぼ唯一の有効性をもっているように見える。

しかし現実にそうならないのは、われわれの日々の行動が、情報の欠落や決断力の不足、好悪の感情や一時的興奮などの**非合理的要因**に突き動かされているからであろう。理性的でも合理的でもないものを包含する理論の構築——これが今日明日の経済学者がチャレンジすべきミニマックスな課題かもしれない。

●ミニマックスの定理（例）

		B社（○）	
		値引きする	値引きしない
A社（●）	値引きする	両社とも損失は小さい	●利益 ○大きな損失
	値引きしない	●大きな損失 ○利益	変化なし

図5⬆企業の戦略が成功するかどうかは、競争相手の動きによって決まる。表は各企業が値引きによって得る利益と損失の比較。

資料／Bradley R. Schiller,「The Economy Today 8th edition」(2000)

表1 ゲーム理論の事例（アメリカの夏季オリンピック放送権料）

開催年	開催地	放送権料（ドル）	獲得局
1960	ローマ（イタリア）	60万	CBS
1964	東京（日本）	100万	NBC
1968	メキシコシティー（メキシコ）	850万	ABC
1972	ミュンヘン（ドイツ）	1350万	ABC
1976	モントリオール（カナダ）	2500万	ABC
1980	モスクワ（旧ソ連）	8500万	NBC
1984	ロスアンゼルス（アメリカ）	2億2500万	ABC
1988	ソウル（韓国）	3億	NBC
1992	バルセロナ（スペイン）	4億100万	NBC
1996	アトランタ（アメリカ）	4億5600万	NBC
2000	シドニー（オーストラリア）	7億1500万	NBC
2004	アテネ（ギリシア）	7億9300万	NBC
2008	北京（中国）	8億9400万	NBC

⬆オリンピックの世界放送権はローマ以降、入札方式で“売買”されてきた。この表は毎回のアメリカの放送権料を示している。1980年のモスクワでは当時のソ連側が8500万ドルでアメリカのNBCに売却したが、これはソ連側がゲーム理論を仕掛けて前回までよりはるかに巨額で落札させた結果だった。 資料／IOC

されるであろう相手側の行動を予測する。

このような意思決定と行動の仕方が、他のプレーヤーとの間に競争や衝突、ときには協力（協調）を生み出す。ゲーム理論の扱うゲームが「**ゼロサムゲーム**」「**協力ゲーム**」「**非均衡ゲーム**」などに分類されるのはそのためだ。

目の前においしいケーキがあり、それをケーキが大好きな2人が分けようとしている。どちらもより大きい部分をとりたい。だが自分が2分の1以上をとれば相手は得るべきものを失ったと思い、相手が2分の1以上とればこちらが損をしたと思う。自分がとり得る最善の方法は何か？これはゲーム理論のひとつの原型だ。ケーキごときで騒ぐんじゃないなどといい子ぶったりしてはいけない。

もうひとつの「合理的行動」とは、ゲーム理論には道徳的とか道義的、感情的な判断はいっさい含まれないということだ。**各プレーヤーは、自分が得られるものを最大にするために理性的に最善を尽くす――それが合理的行動**である。そこでは何かを得ようとする最初の動機は排除し、プレーヤーの最終目的だけを問題にすることが前提となる。

とはいえ、ゲームのプレーヤーが相手側を完全に知っている（「完全情報」をもっている）ということはめったにない。これは「**不確実性**」の問題だ。そのため、**意思決定**

はほぼつねに不確実性の中で行われることになる。

不確実性の中での意思決定から生じる結果は不透明なので、その意思決定にはつねに失敗のリスクがともなう。リスクは小さくすべきだが、リスクの小さな意思決定からは得るものも小さいかもしれない。そこで、たとえリスクはあっても、その意思決定は創造的かつ前向きでなければならない。

ゲーム理論は「森の見方を教える」

いま見たのはゲーム理論のエッセンスである。たしかにわれわれは日常生活の中で、あるいは企業活動や政治活動、または国際政治の中で、こうした定義に当てはまりそうな場面をいくらでも見ることができる。

だが現実社会はこれほど単純ではない。AとBという2者だけ、あるいはCも含めた3者だけで行われるゲーム的世界などめったに存在しない。そこにはDへの配慮、途中で割り込むE、問題を変質させる時間経過Fなどの要素が加わって状況は複雑化し、誰も先を読むことはできない。としたらゲーム理論は机上のお遊びではないのか？

それは早とちりというものだ。フォン・ノイマンとモルゲンシュテルンも、彼らに続いたゲーム理論開発者やプレーヤーたちも、ゲーム理論で現実世界を予測できるなどとは言っていない。どんな理論もこの世界を見るときのヒントかつ案内役にすぎないように、**ゲーム理論もまた複雑な世界を見るときの案内役**だというのだ。

フォン・ノイマンは、ゲーム理論は複雑な現実の中に合理性を見いだしてその現実を理解しやすくするものだと述べた。またビジネスへのゲーム理論の応用を論じたカリフォルニア大学の経済学者ジョン・マクミランは、「**経験は木の見方を教えるが、ゲーム理論は森の見方を教える**」と述べている。

では、他の経済学者はゲーム理論の意義をどう理解しているのか？ ロンドン大学の経済学者ケン・ビンモアはゲーム理論解説書の中でこう述べた。「Fun and Games（ファン・アンド・ゲーム）」と題するゲーム理論解説書の中でこう述べた。「**経済学者の多くはフォン・ノイマンらが与えてくれたこのツールを知らない**。そのため彼らは、非常に単純な〝モノポリー（市場独占）〟と〝完全競争〟という2つの原理は理解しているが、これら**両極の中間にあるあらゆる〝不完全競争〟は分析できない**」

ケン・ビンモアがこのように厳しく書き記してから20年以上が経った。21世紀の経済学者はゲーム理論をもっと深く理解しているに違いない。

MMTで日本経済は盤石？

デフォルトは決して起こらない

最近よく〝MMT〟なる文字列を目にする。経済学に関係しているようだが一般人には何のことかわからない。

MMTは日本語で「現代貨幣理論」と呼ばれる。Modern Monetary Theoryの略で、アメリカで数年前から頻繁（ひんぱん）に話題になってきた。最近は日本でもこの話題に事欠かない。

MMTは何を言っているのか。その要旨は次のようであるらしい。経済の沈滞した国が新たな雇用を生み出すために経済の活性化政策——大規模な公共投資のような——を実行しようとすれば巨額の財源が必要になる。その場合、**政府は必要なだけの通貨供給を行ってもよい**（＝政府が必要と考えるだけマネー流通量を増やしてもよい）。**それによって国家財政が破綻（はたん）する心配はない**——

この理論の主唱者かつ解説者としてもっとも有名な経済学者は、ニューヨーク州立大学教授ステファニー・ケルトン（**図1**）。

彼女によると、MMTは**資本主義国の経済のしくみを非常にわかりやすく理解する手法**だという。

ケルトンは、「その国が自国通貨を自ら管理しており、将来の支払請求書（歳出計画）を把握しているなら、その請求書に対していつでも支払いすることができる」という。そのような国は決して財政破綻（債務不履行（さいむふりこう）、デフォルト）しないし倒産も迫られない。国家財政は家庭の台所事情とはまったく違うものだから——

つまり、政府は自国に流通する通貨供給量を自由にコントロールできる立場にあるので、**国民や企業から集める税金と政府支出をバランスさせる必要はない**というのだ。

常識人ならこれを聞いたとたんに口から反論が出そうである。たとえば、政府がそんな話に乗って、あらゆる請求書が舞い込むたびに国債（国の借用書）を印刷しまくってばら撒けばインフレになる、それどころかハイパーインフレが起こって国民の銀行預金が紙くずになるおそれもある。そんなことをすれば将来の世代にそのツケが回され、彼らが悲劇の主人公になる、と

図1 ⬆MMTを主唱し解説するニューヨーク大学のステファニー・ケルトン教授。写真／Stephanie Kelton

いったような。

ところがケルトン教授はそういう人々を見かけると一言、**「まあ興奮しないで落ち着いて」**と諭すことになっている。彼女をはじめとするMMT学者たちは、第一次世界大戦後にドイツを見舞ったハイパーインフレ（**注1**）のことなどとうに承知した上でそう言っている。

ではその経済政策には限度がなく、宇宙の果てまでも突き進める夢のアイディアかと言えば、誰もそんなことは言っていない。政府が収支をバランス（財政均衡）させようとするのをやめて巨大な公共支出を続け、国土強靭化計画だの環境対策だの農業や新規事業への補助だのをやり続ければ、どこかの時点でインフレ化する、つまり金の価値が下がって物価が上昇し始める。そのときには政府が介入して通貨供給を減らし、同時に増税すればよい。増税はインフレ圧力の逃し弁になるからだ——

MMTに適したごく少数の国々

もっとも、世界のどこの国でもMMTをやれるわけではない。**MMT要件を満たす**には（非専門家の筆者の個人的判断だが）、その国の経済が非常に大きく、その国が通貨の鋳造権（造幣権）と発行権をもち、その通貨が世界の主要通貨のひとつであり、その国の通貨の国際信用度が高く、その国の対外債権（海外で所有する資産）が巨大であることが望ましい。だがこれらの要件を概ね満たす国は多くない。**アメリカと日本とイギリスくらい**であろう。

アメリカは圧倒的である。アメリカドルは世界唯一の基軸通貨であり、どの国もアメリカドルに換算して経済規模を計算している。貿易決済もほとんどはアメリカドルで行われる。アメリカが通貨供給量をどれほど増やしても他国は批判できない。世界一の対外債務国（借金国）でもあるが、基軸通貨国にとってそれは問題外である。

次が日本である。日本円は世界の主要通貨のひとつだ。アメリカドル以外の主要通貨は、日本円、イギリスポンド、ユーロ、スイスフラン、それに数年前中国元も加わった。だがどれもが先ほどのMMT要件を満たしているわけではない。ちなみにユーロは主要通貨だが、加盟国のどこか（たとえば経済大国ドイツ）がMMTを実行しようとしても無理な相談である。ユーロは共通通貨であり、加盟国一国の判断でユーロを発行することはできないからだ。

主要通貨国の中で**日本はMMTへの適性がもっとも高いように思える**。さきほどの要件をすべて満たしている上に、日本円は国際信用度が非常に高い。「有事の円買い」と言われるらしいが、実際に東日本大震災でも新型コロナ禍下でも日本円（為替レート）はほとんど動揺しない。

注1◆ハイパーインフレ　過剰な通貨供給によってインフレが暴走する現象。第一次世界大戦後のドイツでは巨額の戦時賠償を支払うために無制限の通貨供給を行い、貨幣価値が数千億分の1や1兆分の1に暴落、経済が崩壊した。これほどでないにしても類似の現象は他の国でも発生したことがある。ちなみにドイツは2010年、最後まで残っていた国債利子分約7000万ユーロを支払い終えた。

くわえて日本は途方もない対外債権国でもある。前記のようにアメリカは世界一の対外債務国（借金国）だが、これと真逆の日本が保有する海外資産は圧倒的に世界一で、それも29年間連続である。2019年には3兆3000億ドル（約350兆円）で、2位のドイツ、3位の中国を大きく引き離している。これだけでも十分条件だが、くわえて日本の家計の金融資産は1900兆円、そのうち現金が1008兆円だという。さらに企業の公的へそくり（内部留保）が483兆円（2020年）である。

日本国民はよく、政府と地方自治体は1100兆円の負債を抱えており、赤ん坊から老人までひとりあたり880万円の借金生活などと言って脅される。日本国の将来は真っ暗だと脅して緊縮生活を迫っているようにも見える。

アルゼンチンやギリシアの例を出す者もいる。アルゼンチンは2001年に債務を返済できずにデフォルトを宣言し、ギリシアは2015年にやはりデフォルト状態になった。しかしこれらの国の債権の大半をもっていたのは他国であり、自力でこれを買い戻すことが不可能ないし困難になって債務不履行へと直行した。

だが日本国の借金は、借りている側（政府）も貸している側（国民）も同じ日本列島の中にいる。海外からの債務はないに等しい。奇妙なまでにみごとな国である。これは、夫婦のうち夫は借金まみれだが、その金を貸しているのは妻であるというようなものだ。この家庭が経済的に破綻することはありそうにない。破綻するとしたら夫のだらしなさに愛想をつかした妻が離縁状を突きつけたときである。しかし日本国においては夫たる政府と妻たる国民が離縁するわけにはいかない。

国の借金は返済しなくてよい

ともあれ、MMT論者の話を聞いた後では何やら光明が差して来るように思える。国の借金何のそのである。

たしかにMMTに対しては、国の経済運営、財政運営の最高責任者たちが口をそろえて距離をおく反応を示している。アメリカの中央銀行（FRB）も日本銀行のトップや財務大臣も、「それはあんまり感心しない」「いいとは思わない」といったコメントだけだ。どこであれ中央銀行の役割は、金利（中央銀行が一般銀行に貸し出す際の利息）を適正に調整することだという以外のコメントはありそうにない。だが、**本心は那辺にありや**である。

では、アメリカや日本でMMTが採用されるチャンスはあるのか（ケルトン教授は日本に招聘（しょうへい）されて講演を行い、日本に関しても同じような質問をされている）。彼女は、アメリカではワシントンの政治的空気しだいでいつでもそうなる可能性があるが、いますぐということではないと述べている。

MMTは従来の**常識の中に生きている人々を覚醒させる効**

果が明らかに存在する。だからこそMMTをめぐる議論が市井（しせい）にまであふれるのであろう。誰かがびっくりしてそれが周囲に連鎖し、多くの国民が思いもよらなかった新しい視野をもつようになるだけでも、人間社会は前向きな精神をもつことができる。

　ちなみにMMTは日本ですでに実行されていると思えなくもない。雑音を立てないように静かにだ。大地震や大洪水などの自然災害のたびに支給される災害支援金、新型コロナ禍での企業や全国民への何十兆円もの給付金、規模が中くらいの国の国家予算に匹敵するほど巨額の社会保障費や医療費、途上国への際限のない経済援助――これほどの巨費を将来世代のツケになど回せようはずがない。だが誰かが印刷機をぶん回して国債を大量に発行し続け、どこかの銀行を迂回して日銀がそれを買い上げ続ければ、いとも簡単なことのようでもある。

　日本は世界最有力のMMT適性国であり、またこの理論の実行によって生じる債務がいくら積み上がろうと返済する必要もない。その前に別の理由で日本国が消滅するか、あるいは直径20㎞ばかりの小惑星が地球に衝突して人類が絶滅する確率の方が高そうだからである。●

経済学の最新トピック❖2

ピケティの21世紀的マルクス主義？

　フランス人経済学者トマ・ピケティ（図2）が2013年に出版した経済学書が超ベストセラーになったという。日本でも『21世紀の資本』と題して翻訳が出され、やはりベストセラーらしい。ほかにも世界各国語に訳され、どこでもよく売れたということで、ピケティはたちまち世界的経済学者となった。このフランス人が来日したとき、彼の講演には学生やビジネスマンが押し寄せた――何が人々をかくも反応させたのか？

　ピケティの**議論の焦点は現在の資本主義国に拡がっている不平等と社会的格差**である。社会的といってもここでは一人当たりの所得（賃金）の格差、それに保有する富の格差のことだ。

　彼の議論の際立った特徴は、過去100年ほどの欧米の経済データを山の如くかき集め、それを用いて経済の不平等、つまり裕福な人々とそうでない人々の所得や富の格差がどれほど急拡大してきたかを調べ上げるというものだ。

図2⬆“ややマルクス的”な資本主義を論じるトマ・ピケティ教授。
写真／Gobierno de Chile

ピケティの表現法は誰にもわかりやすい。つまりその国の人口のうちもっとも富裕な方から数えて1％の人々の合計所得が国民全体の所得の何％を占めているかで格差の程度を測るというものだ。富裕層を0・1％とか2％としてもよい。これは富裕層への富の集中を示す非常にわかりやすい指標になる。

この指標を用いたときに**もっとも格差ないし不平等の大きい資本主義国はアメリカ**である。上位1％の人々が全アメリカ人の富の20％を占有している。アマゾンのCEOジェフ・ベゾスの総資産は日本円で11兆円、マイクロソフトのビル・ゲイツは10兆円、投資家ウォーレン・バフェットが7兆円、エトセトラ。

他方で、アメリカの成人の69％は預金が1000ドル以下（10万円以下）、45～54歳の54％は預金ゼロ！、アメリカ人の22％の退職時の預金は5000ドル以下と報告されている（2020年）。富の格差などと言えるものではない。ごく少数の超富裕者とそれ以外の貧乏人しかいないと言っても少しも間違っていない（非民主主義的なお隣りの大国での格差はさらに想像を超えるであろうが）。日本でも収入や富の格差は大きいものの、アメリカほど極端ではない。アメリカと比べれば格差も不平等もそこそこである。

ともかくなぜこんなことになるのか？　日本では昔から「**金のあるところに金が集まる**」「**金持ちはますます金持ちになる**」と言われきたので、ピケティがこの道のまったくのパイオニアというわけではない。彼はそこにデータをもち込んで経済学らしい味付けを演出したということだ。

そこで彼流の表現を用いるなら「**資本の利益率は経済成長率をたいていは上回る**」、つまり富を所有するものは賃金労働者よりもより早く豊かさを増していくという。こうしたご託宣を聞くと一般大衆はがっくりくるだろう。

では、アダム・スミス的な自由主義的資本主義のそうした特性はどうにもならないのか。ピケティの回答は、（戦争や自然災害で社会が崩壊し富が破壊されるのでなければ）、**富裕層へ課税すべき**だという。著しい累進課税と言っているに違いない。

しかしそれを実行する役割の政治は、得てして富裕層の影響を受けやすい。そこで政治をこそ大改革すべきだというなら、マルクス的革命を起こして金持階級を打倒せよと叫ぶ方向に戻ってしまう。

つまりピケティは結果的に、**資本主義を多少は破壊してマルクス化すべし、ないしは資本主義社会にマルクス的な隠し味を濃厚にまぶすべし**と言っているように聞こえる。すると、わが日本国はすでにそれをかなり実現しているがゆえに、アメリカのようなとどまるところを知らない不平等社会でも格差社会でもないことになる。

そもそもピケティの著書『21世紀の資本』は、マルクスの『資本論』は読んでいないと認めるピケティ自身が、その肝心な部分**〝資本〟をタイトルに借用している**のだから。●

◉著者
矢沢 潔 *Kiyoshi Yazawa*
科学雑誌編集長などを経て1982年より科学情報グループ矢沢サイエンスオフィス(㈱矢沢事務所)代表。内外の科学者、科学ジャーナリスト、編集者などをネットワーク化し30数年にわたり自然科学、エネルギー、科学哲学、経済学、医学(人間と動物)などに関する情報執筆活動を続ける。オクスフォード大学教授の理論物理学者ロジャー・ペンローズ、アポロ計画時のNASA長官トーマス・ペイン、宇宙大規模構造の発見者ハーバード大学のマーガレット・ゲラー、SF作家ロバート・フォワードなどを講演のため日本に招聘したり、火星の地球化を考察する「テラフォーミング研究会」を主宰し「テラフォーミングレポート」を発行したことも。編著書100冊あまり。これらのうち10数冊は中国、台湾、韓国で翻訳出版されている。

カバーデザイン◉StudioBlade(鈴木規之)
本文DTP作成◉Crazy Arrows(曽根早苗)
編　　　　集◉矢沢サイエンスオフィス(新海裕美子、千葉有子)
イラスト・図版◉高美恵子、川島ふみ子、矢沢サイエンスオフィス

【図解】経済学の世界

2021年3月6日　第1刷発行

著　　者◉矢沢　潔(矢沢サイエンスオフィス)
発 行 人◉松井謙介
編 集 人◉長崎　有
企画編集◉早川聡子

発 行 所◉株式会社 ワン・パブリッシング
〒110-0005 東京都台東区上野3-24-6

印 刷 所◉大日本印刷株式会社

[この本に関する各種お問い合わせ先]
・内容等については、下記サイトのお問い合わせフォームよりお願いします。
https://one-publishing.co.jp/contact/
・不良品(落丁、乱丁)については Tel 0570-092555
業務センター　〒354-0045 埼玉県入間郡三芳町上富 279-1
・在庫・注文については書店専用受注センター　Tel 0570-000346

ワン・パブリッシングの書籍・雑誌についての新刊情報・詳細情報は、下記をご覧ください。
https://one-publishing.co.jp/